WESTEND

ULRIKE GUÉROT & HAUKE RITZ

Endspiel Europa

Warum das politische Projekt Europa gescheitert ist – und wie wir wieder davon träumen können

WESTEND

Mehr über unsere Autoren und Bücher:
www.westendverlag.de

Die Deutsche Nationalbibliothek verzeichnet diese Publikation in der Deutschen Nationalbibliografie; detaillierte bibliografische Daten sind im Internet über http://dnb.d-nb.de abrufbar.

FSC
www.fsc.org
MIX
Papier aus verantwortungsvollen Quellen
FSC® C014889

3. Auflage 2022
ISBN: 978-3-86489-390-2

Umschlaggestaltung: Buchgut, Berlin
Druck und Bindung: Pustet, Regensburg
Printed in Germany

Gewidmet
Michail Sergejewitsch Gorbatschow (1931 bis 2022)
und
Jacques Delors (*1925)

Worum es in diesem Buch geht

* Ein ausführliches Inhaltverzeichnis finden Sie am Ende des Buches.

»Ich hatte den Gegner erkannt, gegen den ich zu kämpfen hatte – das falsche Heldentum, das lieber die anderen vorausschickt in Leiden und Tod, den billigen Optimismus der gewissenlosen Propheten, der politischen wie der militärischen, die, skrupellos den Sieg versprechend, die Schlächterei verlängern, und hinter ihnen den Chor, den sie sich mieteten, all diese ›Wortemacher des Krieges‹, wie Werfel sie angeprangert in seinem schönen Gedicht. Wer ein Bedenken äußerte, der störte sie bei ihrem patriotischen Geschäft, wer warnte, den verhöhnten sie als Schwarzseher, wer den Krieg, in dem sie selber nicht mitlitten, bekämpfte, den brandmarkten sie als Verräter. Immer war es dieselbe, die ewige Rotte durch die Zeiten, die die Vorsichtigen feige nannte, die Menschlichen schwächlich, um dann selbst ratlos zu sein in der Stunde der Katastrophe, die sie leichtfertig beschworen.«

(Stefan Zweig, Die Welt von gestern)

Vorwort

Lieber Leser, liebe Leserin,
in diesem Buch werden Sie mit Blick auf die Entwicklung der Europäischen Union und die vorherrschende Debatte über den Ukraine-Krieg für Sie vielleicht ungewöhnliche Argumente und neue Sichtweisen lesen.

Wir bürsten das in den Medien vorherrschende *Narrativ* eines ausschließlich von Russland begonnenen Krieges gegen den Strich. Wir betten es ein in den historischen Kontext seit 1989 und belegen mit vielen Quellen, dass dieser Krieg nicht am 24. Februar 2022 begann und die Motive für diesen Krieg nicht nur in Moskau zu suchen sind.

Da es heute in Zeiten sichtlich eingeschränkter Diskurskorridore für viele schon fast unerträglich ist, eine ganz andere Sichtweise überhaupt zuzulassen oder anzuhören, möchten wir Folgendes klarstellen:

Wir verteidigen den russischen Einmarsch in die Ukraine nicht und wir können die wehrhafte Reaktion der ukrainischen Bevölkerung ohne Frage nachvollziehen. Ja, mehr noch: Wir verteidigen grundsätzlich keine Kriege und Landnahmen, denn wir sind generell gegen Krieg, egal wer ihn beginnt, provoziert oder aus welchen vermeintlich edlen Motiven auch immer der Krieg geführt wird.

Wir lehnen den lächerlichen Begriff *Putinversteher* ab, finden es aber tatsächlich wichtig und richtig, Putins beziehungsweise Russlands Motivation und Interessen zu verstehen. Denn ohne Kenntnis und Verständnis der gegnerischen Position können Verhandlungen nicht erfolgreich geführt werden.

Wir argumentieren in diesem Essay zum einen, dass die EU als politisches Projekt gescheitert ist; zum anderen, dass das Russland-Bild im Westen falsch oder doch zumindest sehr unzureichend ist, auch wenn die demokratischen Defizite Russlands offensichtlich sind, zum Beispiel mit Blick auf Medien, Gerichte und Gefängnisse oder den Umgang mit Oppositionellen.

Auf der Grundlage dieser beiden Annahmen erlauben wir uns, in zweierlei Hinsicht *ganz neu* zu denken: einmal mit Blick auf die Genese des Ukraine-Krieges; zum anderen mit Blick darauf, wie Europa als dezentrale politische Einheit jenseits der EU in einer europäischen Demokratie ausgestaltet werden könnte, damit Europa auch im 21. Jahrhundert geeint bleibt und auf diesem Kontinent friedlich zusammen mit Russland leben kann. Wir haben uns erlaubt, bei diesem Blick vom aktuellen Zeitgeschehen zu abstrahieren.

Sie mögen viele der Sichtweisen und Vorschläge hier für unrealistisch, naiv oder gar illusorisch erachten. Darüber, was möglich ist und was nicht, gilt es zu diskutieren. Aber bitte ohne kategorisches *Framing*: Wir, die Autoren, sind weder *rechts* noch *links*, weder eine 5. Kolonne Moskaus, *Putinversteher*, EU-Adepten oder Europa-Populisten noch antiamerikanisch. Wir möchten vorab klarstellen, dass wir uns all diesen Zuschreibungen und Kategorien bei der Diskussion über diesen Essay entziehen.

Überhaupt möchten wir dem voraussichtlichen Übereifer unserer Kritiker etwas vorgreifen, indem wir darauf verweisen, dass es sich bei der vorliegenden Schrift um einen Essay handelt. Das Wort Essay stammt aus dem Französischen und heißt Versuch. Der Philosoph Theodor W. Adorno hat in seiner berühmten Schrift *Der Essay als Form* die Legitimität solcher *Essays/Versuche* verteidigt:

»Das Wort Versuch, in dem die Utopie des Gedankens, ins Schwarze zu treffen, mit dem Bewusstsein der eigenen Fehlbarkeit und Vorläufigkeit sich vermählt, [...].«[1] »Der Essay lässt sich sein Resort nicht vorschreiben. [...] Er fängt nicht mit Adam und Eva an sondern mit dem, worüber er reden will; er sagt, was ihm daran aufgeht, bricht ab, wo er selber am Ende sich fühlt und nicht dort, wo kein Rest mehr bliebe.«[2]

Doch bereits Adorno wusste, dass der Essay als Ausdruck geistiger Freiheit insbesondere in Deutschland einen schweren Stand hat: »In Deutschland reizt der Essay zur Abwehr, weil er an die Freiheit des Geistes mahnt.« Grund sei eine »seit Leibnizischen Tagen nur laue Aufklärung [..., die] stets bereit war die Unterordnung unter irgendwelche Instanzen als ihr eigentliches Anliegen zu verkünden.«[3]

Wir befürchten, dass es eine derartige reflexartige Unterordnung unter Instanzen und Autoritäten gewesen ist, die Europa überhaupt erst in die aktuelle Krise geführt hat. Wir glauben aber auch, dass an die in verschiedenen Aufklärungsschüben unter Beweis gestellte Stärke Europas, nämlich sich selbst zu kritisieren und infrage zu stellen, erneut angeknüpft werden kann.

Wir wünschen uns daher von Herzen eine aufgeschlossene und sachliche Diskussion über die zentralen Thesen dieses Essays, der im Wortsinn einen Versuch darstellt, die Dinge auf dem europäischen Kontinent ganz neu zu denken …

Wir wünschen eine angeregte Lektüre!
Ulrike Guérot & Hauke Ritz
Berlin, im September 2022

Der europäische »Horror Vacui«

»Wir sehen jetzt,
dass der Abgrund der Geschichte
groß genug ist für alle.«
Paul Valéry

Europa, das einstige Friedensprojekt, ist im Krieg! Wer hätte sich das noch vor Kurzem vorstellen können? Selbst wenn noch kein Staat der Europäischen Union formal im ukrainisch-russischen Krieg Kriegspartei ist, dominiert das dortige Kriegsgeschehen die Berichterstattung, die Politik und die gesellschaftlichen Entwicklungen in ganz Europa seit Monaten. Für den Herbst wird ein aktives Eingreifen der EU-Staaten im Rahmen der NATO in den Krieg diskutiert, in Teilen sogar forciert. In Großbritannien werden Soldaten und Angehörige bereits durch die Presse auf ein Eingreifen vorbereitet.[1] Die britische Premierministerin Liz Truss verkündet, ohne mit der Wimper zu zucken, sie sei bereit, den »*nuclear button*« zu drücken.[2] Annalena Baerbock freut sich darüber, dass deutsche Kinder beim Frühstück über die NATO reden,[3] »Kriegsmüdigkeit« ist ein moralisches Vergehen. Wer vom Frieden redet oder Verhandlungen fordert, ist schnell ein *Lumpenpazifist.* Was für ein Verrat am Wesenskern Europas!

Denn Europa, das hieß siebzig Jahre lang *nie wieder Krieg!* Und *Alle Menschen werden Brüder!* Jene Liedzeile aus der *Ode an die Freude* von Friedrich Schiller, vertont von Ludwig van Beethoven, ist heute die »Europa-Hymne«. Wie oft wurde diese Sinfonie auf europäischen Festen aller Art gespielt in den letzten siebzig Jahren? Aber ist es überhaupt noch erlaubt, *die Russen* zu den Menschen zu zählen? Während auf jedem Balkon die blaue Europafahne mit den zwölf gelben Sternen hängt und die EU eine europäische Friedenskonferenz einberufen müsste, nimmt Europa derzeit undifferenziert Partei für eine geeinte ukrainische Nation, die es in dieser Form nie gab, noch gibt, sondern die wie alle Nationen in Europa ein multinationales und multi-ethnisches Produkt der Geschichte ist, eine »imaginierte Gemeinschaft«, die zu überwinden Europa im letzten Jahrhundert angetreten war. Wo ist ein Peter Scholl-Latour, der im deutschen Fernsehen über Jahrzehnte die Kriegsgeschehen aus aller Welt kommentierte, und der, befragt zum ukrainischen Maidan 2014, als ersten Satz sagte, *»Man hat gar nicht zur Kenntnis genommen, dass die Ukraine kein geeintes Land ist«,*[4] für das zu kämpfen und zu frieren – koste es, was es wolle – Europa aber heute aufgewiegelt wird?

»U-kraine« heißt etymologisch so etwas wie ›an der Grenze‹. Die Krim war in der Geschichte immer entweder ottomanisch oder russisch, Kiew, eine der ältesten Städte Europas, gilt in Erzählungen als »Mutter der Rus«. Odessa wurde später zum kulturellen und religiösen Melting-Pot, wie die meisten europäischen Städte, sei es Prag, Triest oder Wien. Galizien, die Westukraine, also Lemberg, gehörte bis 1918 zum Habsburger Reich. Die ›geeinte ukrainische Nation mit anti-russischer Identität‹ ist eine mit enorm viel amerikanischem Geld geförderte Erzählung der letzten zehn Jahre.[5]

Wie schnell das *Friedensprojekt Europa,* die EU, mithilfe einer sagenhaften Kriegspropaganda seit Februar 2022 zu einer Drehscheibe für den »Ringtausch schwerer Waffen« wurde, einem Zirkus gleich, kann nur noch fassungslos, wütend und traurig zugleich machen. Seit einem halben Jahr brüllt sich Europa erschütternd kriegslüstern und geschichtsvergessen in diesen Krieg hinein, der Russe ist wieder da, ganz als ob Europa auf einen Feind gewartet habe, um sich endlich zu einen.[6] Kämpfen gilt wieder als chic, vor allem in den Mündern jener Politiker oder Journalisten, die ihre eigenen Kinder niemals in den Krieg schicken würden. Es geht fast nur noch um den militärischen Sieg, es geht wieder um Imperialismus und Einflusszonen – amerikanische hier, russische dort: Europa muss nun in Kiew verteidigt werden, so wie damals am Hindukusch, so heißt es im Überschwang der politischen Erregung.

Es ist ganz so, als hätte Europa sich entschieden, noch einmal alle Elemente der Kriegspropaganda zu wiederholen, wie die belgische Historikerin Anne Morelli[7] sie für den Ersten Weltkrieg aufgeschrieben hat: Wohin man schaut, überschwängliche Parteinahme für die Ukraine, völlige Dämonisierung des Gegners, Reduzierung des Feindes auf eine Person (Putin), fehlende Kontextualisierung, klare Teilung in Gut und Böse, empörte Abwehr von Mitverantwortung, Moral statt Geostrategie, der Gegner ist allein für alle Gräuel verantwortlich, man selbst verteidigt ein edles Ziel und keine Interessen, nur der Feind begeht Grausamkeiten, eigene Fehler passieren unabsichtlich, der Feind benutzt unerlaubte Waffen, wer die eigene Berichterstattung in Zweifel zieht, ist ein Verräter, in diesem Fall ein »Russlandversteher« oder Ähnliches. Die Psychodynamik der Kriegshetzer erinnert an 1914.[8] Europa in der kompletten Regression!

Derweil, diese Zeilen sind Mitte September 2022 geschrieben, gehen durch Tod oder Verwundung mindestens 1000 Soldaten pro Tag verloren, die meisten davon Ukrainer.[9] Durchgestochene Dokumente der ukrainischen Regierung, die auf den 21. April datiert sind, lassen sogar noch viel höhere Opferzahlen erahnen.[10] Mitunter sind die Verluste in einer einzelnen Brigade so hoch, dass die verbleibenden Soldaten desertieren. *Herr Präsident, ich möchte keinen Krieg machen, ich bin nicht auf Erden, um einfache Leute zu töten*, so sang der große Boris Vian im Februar 1954. *Wenn Sie Blut geben wollen, dann geben Sie Ihr eigenes, Monsieur le Président!* Wer kennt das Lied überhaupt noch? Es ist ein europäischer Erinnerungsort!

Der anachronistische Krieg, geführt mit schweren Waffen im Zeitalter der Drohnen, des Cyberwars und des *neurological warfare*,[11] geführt um nationale Grenzen im Zeitalter der Entgrenzung, mutet an wie ein Krieg des letzten Jahrhunderts, zumindest in Europa.[12] Ein Relikt aus der Zeit vor 1949, der jetzt wie ein Dämon noch einmal auftaucht. Seit jeher war Europa das Territorium – um nicht zu sagen: das Schlachtfeld – für Weltkriege. Die beiden Weltkriege des letzten Jahrhunderts nahmen von Europa aus ihren Lauf. Die Soldatenfriedhöfe von Verdun bis Riga erinnern daran: *Ce que nous partageons, c'est d'avoir été, chacun, bourreau et victime.* »Was wir teilen, ist, dass wir alle zugleich Schlächter und Opfer waren«, schreibt Laurent Gaudé in seinem großartigen Epos, *L'Europe, Banquet des Peuples.* Wollen wir wieder damit anfangen?

Der ganze Wahnsinn der ahistorischen Betrachtungsweise dieses Krieges zeigt sich allein in der fast gebetsmühlenartigen Betonung des »russischen Angriffskrieges« vom 24. Februar, als sei dieser Krieg punktgenau an diesem Tag plötzlich vom Himmel gefallen.[13] Seit Februar wird den europäischen Fernsehzuschauern eingebläut, dass der aktuelle ukrainisch-russische Krieg, der im Herbst 2022 – zum kolossalen Schaden Europas – als Stellvertreterkrieg der NATO gegen Russland zu entgleisen droht, an diesem und erst an diesem Tag angefangen hat. Und dass es dafür nur einen Schuldigen gibt: Putin. Mit dem man nicht reden könne und der deswegen militärisch besiegt werden müsse.[14] Was treibt Europa in diese historische Selbstvergessenheit, seine Selbstschädigung gar? Verteidigt wird ein Nationalstaat, obgleich Europa die *Überwindung des klassischen Nationalstaates* sein sollte. Was als Verteidigung europäischer Werte deklariert wird, ist im Grunde deren Perversion: Krieg für einen Nationalstaat ist das Vokabular des letzten Jahrhunderts, des »dreißigjährigen Krieges von 1914 bis 1945« (Philipp Blom), als gekämpft wurde um Eupen-Malmedy, das Elsass, Schlesien oder Ostpreußen. Und heute um den Donbass oder die Krim? Was soll dieser Rückfall ins 20. Jahrhundert, nachdem die EU als größtes Friedensprojekt des 20. Jahrhunderts genau aus diesen Erfahrungen lernen und Europa alle seine Staaten und Völker in eine gesamteuropäische Friedensordnung einbetten wollte?

»Putin« mag der Auslöser sein für die aktuelle Kopflosigkeit europäischer Politik, der Grund oder der Vorwand gar, greift aber als Antwort zu kurz. Denn »Putin« lenkt vom Eigentlichen ab! Das Eigentliche ist, dass die beiden europäischen Großprojekte, die 1989 am Ende des Kalten Krieges – am vermeintlichem »Ende der Geschichte« (Francis Fukuyama)[15] – die Hoffnungsträger für eine Neugestaltung des europäischen Kontinentes waren, gescheitert sind. Daran ist nicht »Putin« schuld, sondern Europa allein, das sich behaglich und geschichtsvergessen in einen »Westen« gebettet hat, den es längst nicht mehr gibt,[16] anstatt nach 1989 an seiner Emanzipation zu arbeiten.

Das eine europäische Großprojekt im Moment des Mauerfalls von 1989 war die *Ever Closer Union*, eine immer engere Europäische Union, besiegelt durch den Maastrichter Vertrag von 1992. Europa sollte eine politische Union und Föderation werden. Von einem europäischen Bundesstaat war die Rede. Das andere war der Aufbau einer kooperativen, kontinentalen Friedensordnung, jenes »europäische Haus von Lissabon bis Wladiwostok«, von dem Michail Gorbatschow stets sprach. Jener Michail Gorbatschow, der Deutschland die Wiedervereinigung schenkte, im selben historischen Moment, in dem Helmut Kohl das Versprechen abgab, dass deutsche und die europäische Einigung zwei Seiten derselben Medaille seien.

Die *immer engere Europäische Union* fand bis heute, rund dreißig Jahre später, nicht statt. Ihre Umsetzung ist gescheitert. Die EU ist bestenfalls ein *Phantom* dieses geeinten Europas, wie Régis Debray es noch 2019 in einem fulminanten Essay[17] beschrieben hat. Der augenblickliche Krieg in und um die Ukraine ist darum nicht nur ein weiterer blutiger Krieg. Er ist auch und vor allem die Zerstörung des politischen Europas *als Idee*!

In den 1990er Jahren gab es noch das Bemühen, dieses *politische* Europa voranzutreiben, doch dieses versandete spätestens nach dem Versuch einer Europäischen Verfassung von 2003. Ein neuer Anlauf für eine Verfassung wurde nicht gewagt. Vertiefung und Erweiterung der EU, die in den 1990er Jahren noch zusammen gedacht wurden, drifteten ab 2004 auseinander. Die EU-Osterweiterung glückte, die sogenannte Vertiefung oder Demokratisierung der EU aber ist bis heute nicht gelungen. Übrig von den Projekten der 90er Jahre blieb 2002 der Euro, der aber ohne politisches Dach und europäische Sozialpolitiken zum trojanischen Pferd für eine Neoliberalisierung der Europäischen Union werden konnte.[18] Eine politisch ungeeinte und institutionell fragile Europäische Union geriet dann ab 2008 in den Strudel der Bankenkrise, die der Auslöser für eine europäische Krisendekade wurde, von der sich die EU bis heute nicht erholt hat und wohl auch nicht mehr erholen wird. Zwischen 2010 und heute gab es in loser Folge Austeritätspolitik, die Spaltung Europas in Nord und Süd, linken Populismus im Süden, rechten im Norden, Flüchtlingskrise, Populismus, Nationalismus, dann den Brexit 2016, dazu Regionalismus in Schottland und Katalonien, soziale Spaltung nie gekannter Dimension in ganz Europa, dann eine semi-autoritäre Corona-Politik der EU und jetzt wieder heißen Krieg. Europa, du Schöne, wo bist du?

Europa als politisches Projekt wird derzeit aufgeribbelt wie ein Strickpullover, als würde jemand mit atemraubender Geschwindigkeit an einem Faden ziehen. Ein Tor, wer in öffentlichen Diskussionen die EU noch verteidigen möchte. Politiker aller Couleur in allen EU-Ländern haben das längst aufgegeben. Die *AfD*, Marine Le Pen oder die *FPÖ* bearbeiten das »*Phantom Europa*«, eine technokratisch erstarrte EU, längst mit Hammer und Meißel. Die Nachrufe auf die EU sind schon geschrieben[19] – doch niemand trauert. Der *Pulse of Europe* – erinnern Sie sich? – ist längst von den Straßen verschwunden.

Die europäischen Bürger befinden sich im historischen Analphabetismus. Eine kolossale Geschichtsvergessenheit hat um sich gegriffen. *Ever closer Union*, eine immer engere Union, was sollte das noch einmal sein? Jacques Delors, Helmut Kohl oder Francois Mitterrand sind *tempi passati*, ihre damaligen Ambitionen und Pläne für die EU sind heute Träume und Schäume. Die Sehnsucht nach einem *anderen* Europa aber, die Sehnsucht nach Frieden, Kooperation, europäischer Solidarität, die Sehnsucht nach der ursprünglichen Idee eines Europas jenseits von Nationalismus, diese Idee ist bei vielen nach wie vor ungebrochen. Doch immer mehr wird klar, dass die EU nicht mehr dieser Sehnsucht entspricht!

Die kontinentale, föderale Friedensordnung, das zweite europäische Großprojekt von 1989, erlitt das gleiche Schicksal, obgleich das Bemühen ebenfalls groß war. Schon im November 1990 sollten die europäischen Weichen neu gestellt werden. In der Charta von Paris für ein neues Europa wurde die KSZE, die Konferenz für Sicherheit und Zusammenarbeit in Europa, der wichtigste Konferenzmechanismus der Entspannungspolitik, aufgerufen, einen Beitrag zur Bewältigung der in Europa vor sich gehenden historischen Veränderungen und der neuen Herausforderungen für die Sicherheit in der Zeit nach dem Kalten Krieg zu leisten. Der Vertrag über konventionelle Streitkräfte in Europa (KSE-Vertrag) von 1991 war davon ein erster Ausdruck.

Doch auch dieses Bemühen wurde in den letzten dreißig Jahren nicht konsequent fortgesetzt. Heute sitzen wir auf den Trümmern der einstigen europäischen Ostpolitik. Längst geschreddert sind die Ideen eines Bruno Kreisky oder Olof Palme, eines Herbert Wehner, Egon Bahr oder Willy Brandt, die bereits in den 1990er Jahren versandeten. Schon in den 90er Jahren begann, wie wir in diesem Essay aufzeigen werden, dass russisch-amerikanische Gerangel um Europa. Schon damals hatten die USA andere Vorstellungen von *Europe whole and free* als viele in Europa. Nach der EU-Osterweiterung 2004 geriet das europäische Kräftegleichgewicht zwischen Ost- und Westeuropa aus dem Tritt. Konkurrierende europäische Erinnerungskulturen rangen um die außenpolitische Ausrichtung der EU. Europa wurde nicht mehr kontinental, sondern nur noch westlich gedacht.

L'Europe est russo-americain, Europa ist amerikanisch und russisch zugleich, singt Damien Saez in seinem – hier in der Buchmitte kommentierten – Lied *Mon Européenne* (»Mein Europa«), eine lyrische Hommage an den europäischen Kontinent. Doch der Fluch der Sowjetunion, die Gräuel von Stalin und der Gulag von Alexander Solschenizyn überschatteten den europäischen Osten, alle Zusammenhänge und Leistungen der Sowjetunion wurden negiert. Der westliche Vertrauensvorschuss in den 1980er und 1990er Jahren gegenüber dem *Perestroika*-Russland, der Hauch von *Glasnost*, der die Ostpolitik des Westens nährte, fand im europäischen Osten keinen fruchtbaren Boden – und durfte keinen finden. Die USA hatten kulturelle Hegemonie über Europa und finanzierten großzügig die europäische Sicherheit. Das war der westlich-atlantische Lack, der glänzte und der die Anziehung der USA im europäischen Osten im Moment der Zäsur von 1989 ausmachte. Der osteuropäische Blick in das damals von Transformation geschüttelte Russland war nur Ödnis, überlagert von schrecklichen Erinnerungen an die sowjetische Unterdrückung sowie Anpassungszwang an den Westen. Der unter Gerhard Schröder und Jacques Chirac noch spürbare Impuls, in den Beziehungen zur arabischen Welt und Russland eigene, europäische Interessen zu vertreten, ließ nach der EU-Osterweiterung auch im Westen 2004 endgültig nach.

Unter Angela Merkel in Deutschland und Nicolas Sarkozy beziehungsweise François Hollande in Frankreich begann sich die Außenpolitik des europäischen Tandems sukzessive auf die Weltsicht der USA auszurichten, der zufolge die Welt mit dem Mauerfall unipolar geworden ist. Man glaubte in Washington, klassische Diplomatie, die auf Kompromissen und Rücksichtnahmen zwischen verschiedenen Staaten und Kulturen beruht, nicht mehr wirklich zu benötigen. Spätestens mit dem Drängen auf die Aufnahme von Beitrittsverhandlungen der EU mit der Türkei 2004 grätschten die USA zudem immer unverfrorener in die inneren Angelegenheiten der EU hinein,[20] ökonomisch wie geostrategisch. Entspannungspolitische Ansätze – die europäische Lehre aus zwei Weltkriegen – wurden verworfen. An ihre Stelle trat die neokonservative Teilung der Welt in Freund und Feind, Demokratie und Diktatur, Gut und Böse und radikales amerikanisches *democracy promotion* und *state building* im Nahen Osten im Namen des Guten. Das *Project for the New American Century*, ein einflussreicher Thinktank in Washington unter der Ägide des Publizisten Robert Kagan, hatte die intellektuelle Deutungshoheit über geostrategische Entscheidungen in Europa fest in der Hand: Vor allem die neuen

Eliten von *New Europe*, also Osteuropa, gaben sich dort Anfang der Nullerjahre die Klinke in die Hand. Robert Kagan hatte zuvor verkündet, die Europäer seien von Venus und die USA vom Mars. [21] Und die europäische Venus habe keine Chance, außer sich dem amerikanischen Mars anzudienen, auch zehn Jahre nach 1989. Ein emanzipiertes Europa? Braucht es nicht …

Diese sublimierte Drohung, gleichsam ein amerikanischer Pfiff »*zurück ins Körbchen*«, tat not, denn um die Jahrtausendwende zeigte der Bau einer kooperativen Friedensordnung zwischen Europa und Russland erste Früchte. Zum Beispiel stieg die Sympathie für Russland in Deutschland kontinuierlich an, während die Sympathie für die USA beziehungsweise der Atlantizismus parallel dazu abnahmen. Die amerikanische »Friedensdividende«, angehäuft in den Zeiten des Kalten Krieges, war aufgezehrt. Der Irak-Krieg zeigte Spuren. Die Indikatoren für eine atlantische Orientierung lagen 2004 für Deutschland nur noch bei 53 Prozent, auch in Polen nur bei 47 Prozent und in Frankreich sogar nur bei 41 Prozent.[22] *Standing ovations* für Putin vor dem Bundestag 2001, die Amerikaner wenig später im Irak, wer *gut* und wer *böse* war, kehrte sich gerade in der öffentlichen Wahrnehmung um. Das konnte den USA nicht gefallen: Europa wieder an sich zu binden und eine politische Emanzipation Europas zu unterminieren wurde zur amerikanischen Strategie. Hübsch verpackt natürlich – *If only the US and Europe work together, the world is a better place* –, aber zunehmend durchdrungen von euro-amerikanischer Konkurrenz. Eine EU, erweitert um den europäischen Osten, mit dem Euro als neuer Weltwährung, geeint unter einer europäischen Verfassung und dann noch mit Russland auf gutem Fuß und auf dem Weg in eine kooperative eurasische Friedensordnung? Zu viel des Guten …

Die Idee von *Europe whole and free* verblasste um die Jahrtausendwende so schnell, wie sie zehn Jahre zuvor verkündet wurde. Europa verlor zunehmend seine Selbstständigkeit,[23] erst geistig und kulturell, dann faktisch, also politisch, geostrategisch und ökonomisch. Heute kann die EU nicht einmal mehr ihre grundlegendsten Interessen, nämlich die Energie- und Lebensmittelsicherheit sichern, trotz Binnenmarkt und Euro. Zerstört wird durch den Krieg der Traum eines geeinten und friedlichen Europas, das die Trennlinien von zwei Weltkriegen und einem Kalten Krieg inklusive des Eisernen Vorhanges überwunden hätte, wenn es je von Lissabon bis Wladiwostok, von Cherbourg bis Sankt Petersburg hätte reichen können. Der Traum, jenen *Cordon Sanitaire*, die stets umkämpfte Pufferzone zu befrieden, die sich *grosso modo* von Danzig bis Zagreb durch die Karpaten und weiter östlich zieht, europäische Mittelerde gleichsam, bevölkert von so vielen Ethnien, Minderheiten, Kulturen und Religionen, so durchmischt und durchwachsen, dass seit Jahrhunderten keine klaren nationalen Grenzen gezogen werden konnten. Es sind jene Gebiete, die selten in der Geschichte eine klare Staatlichkeit hatten und die es heute manchmal als *frozen conflicts* in die Nachrichten schaffen. Transnistrien oder Abchasien zum Beispiel, deren territorialstaatliche Zuordnung oder auch regionale Autonomie immer umstritten war. Die Idee, all diese vielen Gebiete unter dem Schirm einer kontinentalen, konföderalen Ordnung zu befrieden und Sicherheit gegen Neutralität zu gewähren, scheitert jetzt zum wiederholten Male, indem die Ukraine zum Aufmarschgebiet für die eurasischen Pläne der USA und zur Speerspitze der NATO in Europa wird.

Die Ukrainer müssten die Ersten sein, die sich gegen diesen tragischen Missbrauch ihres Territoriums, gegen ihre himmelschreiende Instrumentalisierung durch die USA auflehnen. Stattdessen posiert Olena Selenski für die *Vogue* und ihr Mann, der Staatspräsident, wendet sich an das Publikum der Grammy-Verleihung. Was braucht man noch, um von einem perfekt inszenierten, geradezu kinoreifen Krieg zu sprechen? Die amerikanische »militärische Solidarität« mit der Ukraine ist bestenfalls heuchlerisch. Denn die USA liefern der Ukraine nicht einfach nur Waffen. Die Ukraine muss trotzdem für Patronen und Raketen bezahlen.[24] Dadurch entsteht für die Ukraine eine enorme Verschuldung, die den USA nach dem Krieg politische Macht über die Ukraine geben wird. Kann Europa einen derartigen amerikanischen Vasallen in seiner Mitte wollen?

Die Ukrainer müssten die Europäer anflehen, ihre *beauté ukrainienne*, die ukrainische Schönheit und Vielfalt, wie sie Damien Saez besingt, unter einer konföderalen Ordnung zur Blüte zu bringen, anstatt demnächst hochgerüstet die neue NATO-Grenze zu schützen und kulturell wie ökonomisch ein Dasein am dann östlichsten Zipfel des »Westens« zu fristen, das ähnlich trist sein dürfte wie damals im bayerischen Wald, als die Grenze zur CSSR noch der *Eiserne Vorhang* war. Anstatt jedoch angesichts der erneuten Perversion der Idee Europas vor Entsetzen die Hand vor den Mund zu führen, betäubt Europa seinen kontinentalen Schmerz durch unbesonnene Parteinahme in einem Krieg, der noch kein europäischer Krieg ist, aber das europäische

Territorium schon jetzt verwüstet, und betreibt blindlings die Spaltung des eigenen Kontinentes.

Der kontinentale, föderale Traum stellt eine lange und durchaus realistische Konstante deutscher oder auch französischer Nachkriegspolitik dar, an der im 20. Jahrhundert noch gearbeitet wurde. Legendär Charles de Gaulles Reise nach Moskau 1966 und sein Ausspruch, als er in Moskau aus dem Flugzeug stieg, *das große französische Volk grüßt das große russische Volk.* Stets haben Frankreich und Deutschland, das heutige europäische Tandem, um die Gunst, die größere Nähe zu Moskau gebuhlt: Brest-Litowsk, Rapallo oder Hitler-Stalin-Pakt heißen die Erinnerungsorte des »französischen Traumas«,[25] immer wenn Deutschland sich allein, ohne Frankreich, ohne Europa, in Richtung Osten aufmachte. Eine europäische Friedensordnung unter Einschluss von Paris und Moskau wurde im 20. Jahrhundert von Willy Brandt und Egon Bahr angestrebt, von Helmut Kohl und Horst Teltschik als realistische Option behandelt und von Gerhard Schröder ein letztes Mal versucht. Dieser Traum hätte – wenn realisiert – das Potenzial gehabt, den europäischen und kontinentalen Frieden und Wohlstand für Generationen zu sichern.

Die beiden großen Pläne für Europa – nämlich eine politische Union und eine kontinentale Konföderation – sind genau dreißig Jahre alt. Erst dreißig Jahre! Doch niemand hat in diesem Jahr, 2022, den dreißigsten Jahrestag des Maastrichter Vertrags oder der Charta von Paris gefeiert, weil es nämlich nichts zu feiern gibt. Europa hat verloren, es hat seine Emanzipation verspielt. Peter Sloterdijk schrieb schon 1994 in einem der vermutlich besten Essays über Europa[26] *Falls Europa erwacht,* dass es Europa war, dass sowohl den Kommunismus wie den Kapitalismus erfunden habe, nur um diese beiden gesellschaftlichen Experimente dann auszulagern, einmal in die Sowjetunion, einmal in die USA. Indem die beiden ausgelagerten europäischen Ideen sich dort zu Konkurrenten entwickelten und schließlich aufeinanderprallten, könne der europäische Weg nur in einem Dritten, einer politischen Emanzipation Europas liegen. Die damalige Aufbruchstimmung Europas ist in diesem Text spürbar. Europa aber hat sich bis heute politisch nicht emanzipiert. Jetzt kann oder will es sich nicht mehr emanzipieren. Europa ist politisch, ökonomisch und geostrategisch jenes *tertium non datur*, das nicht existente Dritte. Europa als politischer und kultureller Körper hat einen östlichen und westlichen Flügel, Russland und die USA. Politisch eigenständig, aber beiden zugewandt, dieses Europa wird gerade zu Grabe getragen. Denn nur mit einem atlantischen Flügel kann Europa nicht fliegen.

Europa als Rumpf

Die älteste Karte der Europa von 1534, *Europa Prima Pars Terræ in Forma Virginis*, »Europa, erster Teil der Erde, in Gestalt einer Jungfrau«, zeigt eine majestätische Frauenfigur, die den ganzen europäischen Kontinent abbildet. Spanien ist der Kopf und trägt die Krone. Francia ist die Brust, Germania das Herz, Großbritannia hängt lose am linken Arm, Italia ist der rechte Arm. Weiter im Bauch beziehungsweise im Unterleib der Europa befinden sich, lose angeordnet und ohne klare Grenzen, Polonia, Bulgaria, Albania, Rumania und Russia, die ganzen europäischen Völker eben. Die Karte endet mit einem üppig ausraffenden Kleid hinter Moskau im Norden und im Süden am Bosporus. Die Europa steht mit zwei Füßen fest auf der russischen Landmasse, während sie ihren Kopf in den Atlantik neigt. Sicher hat man sich 1534 etwas bei dieser Karte gedacht, als man die Füße Europas nicht auf das Wasser des Atlantiks gestellt hat.

Dieser Europa wird jetzt der Garaus gemacht. Die derzeitige Politik des Westens im Ukraine-Krieg zielt im Wesentlichen darauf, die ehemalige Mauer des Eisernen Vorhangs von 1989 rund 1500 Kilometer weiter östlich wieder aufzubauen. Europa wird damit zurück ins 20. Jahrhundert katapultiert, aber diesmal ohne Marshall Plan, sondern mit einem Abo auf das »Zwei-Prozent-Ziel« der NATO, also der Verpflichtung für alle EU-Staaten, dauerhaft zwei Prozent ihres Haushaltes für die NATO aufzubringen. Das kommt de facto der endgültigen Beerdigung einer unabhängigen europäischen Sicherheits- und Verteidigungspolitik (ESVP) gleich, die trotz jahrzehntelanger Vorsätze seit dem Maastrichter Vertrag von 1992 stets nur eine Seifenblase geblieben ist.

Um im Bild der Karte zu bleiben: Die Europa wird jetzt unterhalb ihres Bauchnabels, mitten im Leib, durchtrennt und wird gleichsam zu einem europäischen Rumpf gemacht. Vom Baltischen Meer bis zum Schwarzen Meer wird wieder eine harte Grenze zwischen zwei Blöcken zementiert, die doch seit 1989 überwunden geglaubt war. Diese von Russland und Asien abgetrennte europäische Halbinsel wird im Wettbewerb der Mächte keine Chance haben. Europa wird dann keine »zweite Welt« zwischen »Chimerica« werden, die der amerikanisch-pakistanische Autor Parag Khanna schon vor zehn Jahren als plausible europäische Option skizziert hat.[27] Mit den USA als Ordnungsmacht kann Europa keine stabile politische Einheit werden und keinen konföderalen Frieden auf dem Kontinent finden. Und ohne die sibirischen Rohstoffe und den chinesischen Markt gibt es auch keinen dauerhaften Wohlstand für Europa. Es geht hier nicht um eine Dämonisierung der USA, sondern um europäische Emanzipation.

Der europäische Rumpf, der jetzt abgetrennt wird, war schon vorher recht leblos. Jede Energie für eine politische Einigung Europas war weit vor Beginn des russisch-ukrainischen Krieges längst zerstoben. Die EU als politisches Projekt litt bereits an multiplem Organversagen. Ein Rumpf aber verblutet. Das, und nicht die triumphale *Verteidigung seiner Werte*, wie derzeit allenthalben posaunt wird, ist die Situation von Europa. Den Krieg, genauer: einen Feind, jetzt als Argument für eine europäische Einigung zu nehmen klingt daher fast zynisch und ist ein Verrat am Gründungsauftrag Europas: Frieden, Einheit in Vielfalt, internationale Kooperation und föderale Friedensordnung. Was wir derzeit erleben, ist nicht die Verteidigung, sondern die selbstvergessene Negation europäischer Werte!

Der rüpelige Furor, die teils fast diebische Freude, dass es wieder einen Feind gibt, kaschiert das europäische Versagen. Weil die EU nämlich dringend einen Schuldigen braucht, um die eigene Verantwortung auszulagern, wenn der politische Schaden der europäischen Versäumnisse und die Kosten des Krieges für Europa und seine Bürger sichtbar werden, so astronomisch hoch, wie sie sich heute schon abzeichnen. *Nein, an uns lag es nicht*, möchte man dann raunen können, *Putin war's!*

In diesem Essay argumentieren wir deswegen, konträr zur herrschenden Erzählung, dass die augenblickliche europäische Politik dingend umgesteuert werden muss, damit Europa aus seiner kolossalen Selbstschädigung herausfindet und jetzt keine unumkehrbaren Weichenstellungen – Abtrennung von Russland und China, Vergrößerung der Abhängigkeit von den USA – vorgenommen werden, die dem europäischen Kontinent fundamental und dauerhaft schaden und die es auf Jahrzehnte von seinen *eigentlichen* Zielen, nämlich einer politischen Union und einer kontinentalen Friedensordnung, entfernt. Es gibt keinen Grund dafür, dass sich Europa im 21. Jahrhundert in die Wiederholung seiner Geschichte des 20. Jahrhunderts begibt! War es das Ziel der NATO im 20. Jahrhundert in den berühmten Worten von Lord Ismay, »*to keep the Russians out, the Americans in, and the Germans down*«, so müsste es im 21. Jahrhundert vielleicht heißen: *Keep the Americans out, the Russians in and lift Europe up*?

Wir zeichnen in drei Kapiteln jeweils für die 1990er, 2000er und 2010er Jahre mit groben Strichen nach, wie und warum Europa in den letzten dreißig Jahren das, was es eigentlich werden wollte, aus den Augen verloren hat und die EU als politisches Projekt spätestens seit der Jahrtausendwende keine Chance mehr hatte. Wir leiten aus amerikanischen Quellen her, dass der russisch-ukrainische Krieg ein lang vorbereiteter amerikanischer Stellvertreterkrieg ist, eine Apotheose jahrzehntelanger amerikanischer Geostrategie, deren eigentliches Ziel die Verfestigung der amerikanischen Dominanz in Europa ist. Europa soll von seinen wirtschaftlichen Adern im Osten abgeschnitten werden, jener Landmasse, auf der die Füße der Europa stehen. Es ist eine Politik der *»restricted damage«,* der kontrollierten, aber bewussten wirtschaftlichen Schädigung, die vor allem die Kappung des deutschen Handelsüberschusses, der im Osten erwirtschaftet wird, zum Ziel hat.[28] Europa wird wirtschaftlich und strategisch von den USA gebraucht, soll sich aber in amerikanischen Augen eben nicht emanzipieren und dadurch möglicherweise zu einem Konkurrenten einer längst kränkelnden Weltmacht werden, die ihren eigenen Untergang fürchtet. Die hier vorgetragene Analyse entspringt dem Wunsch nach einem geeinten Europa und einer kontinentalen Friedensordnung, die wir im Schlussteil dieses Essays einer näheren Betrachtung unterziehen werden. Wir wollen mit diesem Essay dazu beitragen, Europa aus der Verdrängung und Selbstablehnung des Eigenen herauszuholen: Es geht um die letzte Chance einer europäischen Emanzipation!

Teil I: Die europäischen Träume der 1990er Jahre

»Man muss Europa eine Seele geben.«

Jacques Delors

Das »Ende der Geschichte« 1989 aus Sicht Europas und der USA

1989: Fall der Berliner Mauer, tanzende Menschen in Berlin, Feuerwerk, Freiheit. Die Mauer ist und bleibt offen, der Kalte Krieg von 1949 bis 1989 ist vorbei. Ein atemraubender Moment der Zeitgeschichte, eine veritable Zäsur, *Europe whole and free*, Europas Aufbruch in die Welt, ja, Europas politische Konstituierung. Zwei-plus-Vier-Verhandlungen, deutsche Wiedervereinigung mit Siebenmeilenstiefeln, Helmut Kohl verspricht, dass deutsche und europäische Einigung zwei Seiten derselben Medaille sind. Damit sind 1989 und 1992 die glciche historische Sekunde: Aus der EWG, der europäischen Wirtschaftsgemeinschaft, wird 1992 durch den Maastrichter Vertag die Europäische Union. Ein Schwur auf eine immer engere politische Union wird geleistet, eine gemeinsame Währung geplant. Europa im Aufbruch in seine Einheit! Doch sind die USA und Europa sich mit Blick auf das, was nach 1989 in Europa geschehen soll, einig? Leider nein! Europa und die USA lebten und dachten 1989 in zwei verschiedenen Wirklichkeiten: Die USA in einer imperialen, auf globale Herrschaft bedachten, die Europäer in einer kontinentalen, die im Moment von 1989 auf eine europäische Friedensordnung ausgerichtet war.

Der Schrecken des Ersten und des Zweiten Weltkriegs, jener »Zweite dreißigjährige Krieg« von 1914 bis 1945, multipliziert um den Alptraum des Holocausts, hat Europa etwas über die zerstörerische Kraft imperialer Ambitionen gelehrt. In Europa wusste man schon nach 1918, aber spätestens seit 1945, dass Macht, die man ausübt, auf einen zurückfallen kann. Dass man nicht straflos andere Kulturen und Völker unterdrücken kann. Europa hatte in den Abgrund der Menschlichkeit geschaut. *Nie wieder Krieg* wurde zum europäischen Mantra.

Europa als »Friedensprojekt«, nach 1989 auch im Osten

Nach dem mühsamen Wiederaufbau nach 1945 strebte man in Europa deshalb vor allem nach Zivilität.[1] Europa wurde als Friedensprojekt von den Europäern gedacht und verstanden. Die deutsch-französische Freundschaft wurde als Modell gesehen, wie man über kurz oder lang alle Trennlinien des Kontinents überwinden kann und deren fundamentale Prinzipien man nach 1989 auf den europäischen Osten ausdehnen wollte.[2]

Die am 13. Juni 1989 von Bundeskanzler Helmut Kohl und dem sowjetischen Generalsekretär Michael Gorbatschow gemeinsam unterzeichnete Erklärung legt davon Zeugnis ab. Im Grunde genommen zeugt jeder Satz dieser

Erklärung von dem Wunsch der damaligen beiden Staatsmänner, die Versöhnungsleistung der Deutsch-Französischen Freundschaft zwischen Deutschland und der Sowjetunion zu wiederholen. So heißt es in dem Dokument:

»Europa, das am meisten unter zwei Weltkriegen gelitten hat, muss der Welt ein Beispiel für stabilen Frieden, gute Nachbarschaft und eine konstruktive Zusammenarbeit geben [...]« Wir »betrachten es als unsere vorrangige Aufgabe [...], an die geschichtlich gewachsenen europäischen Traditionen anzuknüpfen und so zur Überwindung der Trennung Europas beizutragen.«[3] Das Streben nach militärischer Überlegenheit wird verurteilt. Es wird unterstrichen, dass Sicherheit nur in einer ungeteilten Form existieren kann. Es wird eine zukünftige Sicherheitsordnung beschrieben, in der durch wechselseitige Kontrolle sichergestellt sei, dass alle Armeen nur noch Fähigkeiten im Bereich der Verteidigung, aber nicht mehr im Angriff besäßen. Die Möglichkeit eines Krieges sollte faktisch ausgeschlossen werden. Institutionelle Verschränkung, wirtschaftliche Kooperation und Verträge, die einen Krieg *strukturell* ausschließen, ist seit 1945 die europäische Leitidee!

Amerikanische Hybris

Ganz anders blickten die USA 1989 auf Europa. Ihnen war es egal, ob Europa geeint, ob der Kontinent zu seinen Traditionen zurückfinden würde oder nicht. Sie verstanden den Mauerfall und das Ende des Kalten Krieges nicht als eine Einigung Deutschlands und Europas, sondern als Sieg ihres Imperiums über den einzigen ebenbürtigen Konkurrenten, die Sowjetunion. Wo die Europäer von europäischer Einigung und der Überwindung des Krieges träumten, dachten die USA vor allem über die machtpolitischen Konsequenzen des Mauerfalls nach. Fast zeitgleich zum Mauerfall hatte der amerikanisch-japanische Philosoph Francis Fukuyama die These vom *Ende der Geschichte* vertreten: Künftig gäbe es nur noch ein einziges Zivilisationsmodell, da die konkurrierende sowjetische Zivilisation nun verschwunden sei. Damit würde die von den USA nach dem Zweiten Weltkrieg geschaffene liberale Kultur, einschließlich Hollywood und Popkultur, zum einzigen Modell einer hoch entwickelten Zivilisation für die Welt. Fukuyama verkündete den Anbruch einer Welt, in der es nicht mehr um die Konkurrenz der Ideologien und Gesellschaftsmodelle gehe. Die amerikanische Zivilisation würde stattdessen zur unumstrittenen Manifestation von Moderne und Fortschritt, globale Präsenz erlangen und wie eine »natürliche Ordnung« erscheinen.

Das Buch hatte eine enorme Wirkung, doch selten lag ein Buch mit seinen Thesen so falsch. Der Glaube daran war dennoch unbeirrbar: Der Westen wähnte sich *am Ende der Geschichte*[4] und war fortan immer der *Gute*: Ein überheblicher und missionarischer Westen[5] schickte sich an – nicht zum ersten Mal in der Geschichte –, eine dazu noch eindimensionale Auffassung von Demokratie und Liberalismus westlich-amerikanischer Prägung für alle wie Freibier anzubieten, um nicht zu sagen: der Welt aufzunötigen. Dass damit auch ureigene konkurrierende Konzepte des politischen Miteinanders, die die europäische Ideengeschichte hervorgebracht hatte und die intrinsisch mit dem europäischen Einheitsgedanken verwobenen waren – Solidarität, Kohäsion, Gemeinwohl, Völkerrecht, Diplomatie,

Genossenschaft, Republik, christliche Soziallehre, Sozialdemokratie oder gar Sozialismus und Kommunismus – im gleichen Atemzug ad acta gelegt wurden, sollte sich erst ein paar Jahrzehnte später zeigen und vor allem Europa politisch sehr zusetzen.

Die USA als »Weltpolizist«

Wie unterschiedlich man in den USA und Europa den Fall der Mauer interpretierte, zeigt der berühmt gewordene Artikel »Der unipolare Moment« des amerikanische Politikwissenschaftlers Charles Krauthammer in der Zeitschrift *Foreign Affairs*.[6] Krauthammer beschreibt darin, dass die USA für absehbare Zeit auf dem gesamten Globus die einzige Macht sein würden. Allen übrigen Staaten bliebe nichts anderes übrig, als den Führungsanspruch der USA anzuerkennen.

Krauthammers Essay steht stellvertretend für eine Denkweise, die den USA nach dem Kalten Krieg die Rolle eines »globalen Polizisten« zukommen lassen wollte. An die Stelle der UN-Charta mit fünf ständigen Mitgliedern des UN-Sicherheitsrates, die über ein Vetorecht verfügen und somit durch ihre Meinungsverschiedenheiten indirekt auch ein Recht auf Nichteinmischung in die inneren Angelegenheiten anderer Staaten garantieren, sollte eine Ordnung treten, die vor allem aus den USA und ihren engsten Verbündeten bestehen sollte. Diese von den USA angeführte internationale Gemeinschaft aus vorrangig westlichen Staaten sollte zukünftig in der Lage sein, unabhängig vom UN-Sicherheitsrat gegen Länder vorzugehen, die Krauthammer »Weapon States« (Waffenstaaten) nennt. Damit meinte er

Staaten, die Massenvernichtungswaffen einschließlich Trägersystemen erwerben und die später als »Schurkenstaaten« bezeichnet werden sollten. Diese von Krauthammer entworfene Rolle der USA als Weltpolizist stand jedoch konträr zur europäischen Tradition des Westfälischen Friedens von 1648. Seit dieser Zeit ist ein Recht auf »Nichteinmischung in die inneren Angelegenheiten eines Landes« der Grundstein des Völkerrechts. Es sollte die Führung von Stellvertreterkriegen (wie beispielsweis schon der 30-jährige Krieg von 1618 bis 1648) verhindern, weil diese kaum zu befrieden sind ob der vielen Interessenlagen. Krauthammers Vorstoß zielte darauf ab, genau diesen Sicherheitsmechanismus aus dem Völkerrecht herauszubrechen, mit allen Implikationen, die das bedeutete – bis zum Krieg in der Ukraine heute.

Das Recht auf Nichteinmischung wurde ungefähr eine Dekade nach Krauthammers Artikel durch eine Reihe von Präzedenzfällen (Jugoslawienkrieg 1999, Afghanistankrieg 2001, Irakkrieg 2003) auf Betreiben der USA völkerrechtlich kassiert und stattdessen in eine Verantwortung zum Schutz (»*Responsibility to Protect*«) uminterpretiert. An die Stelle der UN-Charta trat also die »regelbasierte Ordnung des Westens«: Völkerrecht im Namen des Guten, einseitig ausgelegt von den USA.[7]

Europa plant die politische Union, die USA planen den nächsten Krieg

Fukuyama und Krauthammer interpretierten also das Ende der Sowjetunion als Sieg im Kalten Krieg. Als am 26. Dezember 1991 die Sowjetunion endgültig aufgelöst und die rote Fahne über dem Kreml eingezogen wurde, stimmte man ihnen am Washingtoner Beltways sowie an den *Ivy-Leage*-Universitäten instinktiv zu. Bereits am 18. Februar, also weniger als zwei Monate nach dem Ende der Sowjetunion, notierte Paul Wolfowitz – damals Staatssekretär für politische Fragen im Pentagon – in einem Entwurf des »Defense Planning Guidance 1994–99« eine Neubestimmung US-amerikanischer Außenpolitik.[8] Die von ihm notierte Neubestimmung wurde später unter dem Namen Wolfowitz-Doktrin bekannt: »Unser erstes Ziel«, so heißt es dort, »ist es, das Wiedererstarken eines neuen Rivalen, sei es auf dem Territorium der ehemaligen Sowjetunion oder anderswo, der eine Drohung in dem Ausmaß darstellt, wie die Sowjetunion war, zu verhindern«. Wir sind bestrebt, so Wolfowitz, »jede feindliche Macht daran zu hindern, eine Region zu beherrschen, deren Ressourcen unter konsolidierter Kontrolle ausreichen würden, globale Macht zu erzeugen.«[9]

Hier sind bereits die Grundlinien der US-amerikanischen Weltsicht nach dem Kalten Krieg zutreffend skizziert worden. Mit anderen Worten, acht Wochen, nachdem der Konkurrent der USA von der Weltbühne abgetreten war, begannen in den USA bereits einzelne Strategen wie Wolfowitz den nächsten Krieg zu planen. Das Ende des Kalten Krieges verstanden die USA lediglich als Gelegenheit, sich auf die nächste Rivalität vorzubereiten. Der Gedanke einer dauerhaften Überwindung geopolitischer Konkurrenz oder der Gedanke eines geeinten Europas, den man sich in Europa und auch in Moskau anschickte zu verwirklichen und für das zum gleichen Moment mit dem Maastrichter Vertrag von 1992 über die politische Union und dem KSE-

Vertag von 1991 über eine kooperative Sicherheitsarchitektur die vertraglichen Rahmen gezimmert wurden, wurde in den USA nie ernsthaft erwogen.[10] Russland sollte keine Chance bekommen.

Wirtschaftskrieg gegen Russland

Im Grunde genommen lag in der Reformpolitik Gorbatschows und Jelzins eine ungeahnte Entwicklungsmöglichkeit für den gesamten Westens, hätte man das Friedensangebot der Russen zu nutzen gewusst. Unter dem Schirm einer kooperativen Friedensordnung, die von Vancouver bis Wladiwostok gereicht, also weite Teile der Nordhalbkugel abgedeckt hätte, wäre der Aufstieg Chinas und Indiens kein größeres Problem gewesen. Doch in Washington wurde diese Entwicklungsmöglichkeit bereits 1992 verworfen. Damals wurde beschlossen, Russland bei der Transformation in die Marktwirtschaft nicht behilflich zu sein, etwa im Rahmen einer Neuauflage oder Variation des Marshall-Plans, der den Wiederaufbau Europas nach 1945 in friedliche Bahnen gelenkt und die Demokratie in Europa letztlich erst ermöglicht hat. Vielmehr wurde die Durchführung einer wirtschaftlichen *Schocktherapie* (Jeffrey Sachs) nahegelegt. Dabei wurde Russland jene finanziellen Hilfen vorenthalten, die andere Staaten wie Chile oder Polen erhalten hatten, als sie sich dem sogenannten *Washington Consensus* beugten.[11] Im Grunde genommen ist die *Schocktherapie* eine fragwürdige neoimperiale Wirtschaftspolitik, die regionale Strukturen sinnlos zerstört und Länder vom Weltmarkt abhängig macht. Doch sie auch noch ohne Finanzhilfen durchzuführen war Ausdruck eines Wirtschaftskrieges, den man im Westen selbst noch gegen ein Russland führen wollte, dass sich 1991 entschlossen hatte, die Fesseln des Kommunismus abzuwerfen und sich in Richtung Liberalismus aufzumachen. Bereits damals zeigte sich, dass den USA die Kapitalisierung Russlands wichtiger war als seine Demokratisierung: McDonald's neben dem Roten Platz war das Wahrzeichen dafür!

Auf diese Weise wurde eines der riskantesten wirtschaftlichen Experimente – die Transition einer sowjetischen Staatswirtschaft in eine Marktwirtschaft – fast ohne finanzielle Absicherung durchgeführt. Das Resultat ließ nicht lange auf sich warten: Die Privatisierung von Staatsbetrieben und die Freigabe der Preise sorgte dafür, dass innerhalb eines Jahres der Konsum um 40 Prozent sank und ein Drittel der Bevölkerung unter die Armutsgrenze rutschte.[12] Während viele russische Bürger sich gezwungen sahen, ihr Hab und Gut auf Marktplätzen zu verkaufen[13], sank die Lebenserwartung auf 58,9 Jahre[14] für Männer, während zugleich bis 2003 weitere 17 Milliardäre hinzukamen. Was folgte, war eine Jahre anhaltende Kapitalflucht aus Russland, von der westliche Anleger profitierten,[15] während der russische Staat seinen Beamten teils über viele Monate keine Gehälter mehr auszahlen konnte.

Die Kolonialisierung Russlands

Bereits 1994 kam es zur ersten NATO-Osterweiterung seit der Wiedervereinigung, obwohl es, wie man heute weiß, gegenteilige Zusagen gab.[16] Zunächst traten nur Polen,

Tschechien und Ungarn bei, also osteuropäische Staaten, deren kulturelle Identität eher mit Mitteleuropa als mit Russland verbunden ist. Russland wurde bei dieser maßgeblichen Entscheidung, die einen Bruch mit den Absprachen im Zuge der deutschen Wiedervereinigung bedeuteten, nicht konsultiert. Für die USA ging es, im Gegensatz zu Europa, nie um eine Partnerschaft mit Russland.

Die Haltung der USA gegenüber dem postsozialistischen Russland zeigte sich auch in dem 1997 erschienenen Buch *Die einzige Weltmacht* des einflussreichen Präsidentenberaters Zbigniew Brzeziński. Darin ist ein Russland gewidmetes Kapitel enthalten, das den verächtlichen Titel »Das Schwarze Loch« trägt. Brzeziński sagt es zwar nicht direkt, aber letztlich geht er davon aus, dass Russland ein Nicht-Land sei, ein neues Lateinamerika, das von Schuldenkrise zu Schuldenkrise eile und dessen Politik über kriminelle Netzwerke und bestochene Oligarchen von außen beeinflusst werden könne. De facto spricht er Russland das Recht auf eigene Interessen ab. Das Land solle sich in Sicherheitsfragen der NATO und in Wirtschaftsfragen dem Internationalen Währungsfonds sowie der Weltbank unterordnen. Versuche, in Zukunft eine geopolitisch bedeutende Position zurückzuerlangen, nennt er »nutzlose Bemühungen«[17]. An einer Stelle schlägt Brzeziński mit unverhohlener Arroganz sogar eine Teilung Russlands in drei oder vier Teile vor.[18] Lapidar heißt es an anderer Stelle: »Gebietseinbußen sind somit nicht Russlands Hauptproblem.«[19] Die Art und Weise, wie man Russland jede Partnerschaft verweigerte, erinnert an den Versailler-Vertrag, mit dem nach dem Ersten Weltkrieg vor allem Frankreich die dauerhafte Schwächung Deutschlands anstrebte. Heute sind sich Historiker einig, dass in diesem Friedensvertrag, der Deutschland keine Entwicklungsperspektive bot, bereits der Weg zum Zweiten Weltkrieg beschlossen lag. Europa hat diese Lektion schon 1945 gelernt; die Amerikaner anscheinend bis heute nicht.

Europa wollte konsequenterweise seine Ambitionen, Pläne und Verträge zum Zeitpunkt der Zäsur 1989 an seinen Erfahrungen und seinen Erinnerungsorten von 1918 und 1945 ausrichten. Die USA aber haben den Kern der politischen Ambitionen Europas nie verstanden und wollten Russland nicht respektieren. Europa konnte sich nicht durchsetzen. Das Scheitern der beiden europäischen Projekte, politische Union und kooperative Friedensordnung, ist die tragische Konsequenz dieses politisch nie eingestandenen, aber fundamentalen euro-atlantischen Schismas, von dem der Krieg in der Ukraine gleichsam der letzte, tragisch gewaltsame Ausdruck ist.

Die schwache Subjektivität der europäischen Eliten

Bereits in den 1990er Jahren gab es also unterschiedliche Vorstellungen in den USA und Europa über das, was nach 1989 geschehen sollte. Die Amerikaner dachten vor allem über die Machtimplikationen nach, die das plötzliche Verschwinden ihres Konkurrenten nach sich zog. Die Europäer hingegen versuchten zu dieser Zeit immer noch, die Lehren aus zwei Weltkriegen zu ziehen, und träumten von einer staatenübergreifenden Rechtsordnung, die in Zukunft alle geopolitischen Konfliktlinien überspannen sollte. Beide

Positionen waren im Grunde genommen von Anfang an *strukturell* unvereinbar.

Und doch kommt es nicht zum Streit zwischen Amerikanern und Europäern, ja, es kommt nicht einmal zu einer offenen Diskussion darüber, jenseits kleinerer Scharmützel über die Europäische Sicherheits- und Verteidigungsunion, die zu Beginn der 90er Jahre in Planung war und die von den USA natürlich als Konkurrenz zur NATO wahrgenommen wurde. Wie ist das möglich?

Die Antwort liegt in der schwachen Subjektivität der europäischen Politik. Während die Amerikaner 1989 ganz genau ihre Interessen kannten und zielstrebig verfolgten, dafür finanzielle Ressourcen mobilisierten und über viele transatlantische Netzwerke in Wissenschaft, Gesellschaft und Politik verfügten, über die sie kulturelle und politische Hegemonie in Europa ausübten, fühlte sich in Europa niemand für die Weltordnung nach dem Kalten Krieg verantwortlich. Ganz abgesehen davon, dass Europa alle Hände voll zu tun hatte, seine *ever closer union* vertraglich auf die Schiene zu bringen. Wie Peter Sloterdijk notierte,[20] hatte man nach dem Zweiten Weltkrieg in Europa verlernt, global zu denken. Die Schande vor der Geschichte hatte den Anspruch darauf verwirkt. Europa hatte sich kapriziert auf Frieden – um dann daraus seine eigentliche Größe als europäisches Einigungsprojekt zu machen. Es gab in den 1990er Jahren (noch) kein Europäisches Außenministerium,[21] keine Planungseinheit für eine *Grande Strategie à la Européen* und vor allem kein europäisches Budget für eine solche Strategie. Zwar gab es Denkfabriken wie die Deutsche Gesellschaft für Auswärtige Politik (DGAP) oder die Stiftung für Wissenschaft und Politik (SWP). Aber eine wirkliche geistige Unabhängigkeit von den transatlantischen Strukturen, die Europa in der Zeit von 1949 bis 1989 durchwirkt und geprägt hatten, war nicht gegeben. Der Koordinator der Bundesregierung für die Deutsch-Amerikanischen Beziehungen sollte es in einer Rückschau einmal so formulieren: »Ich kann Ihnen sagen, in meinen zwölf Jahren als Amerika-Koordinator habe ich drei Verhaltensweisen der amerikanischen Regierung erlebt. In dem Moment, wo man mit ihnen einer Meinung ist, sind wir die besten Freunde, wir umarmen uns, man hat Angst um seine Rippen, weil die Umarmungen so intensiv sind. Wenn wir in zweitrangigen Fragen nicht einer Meinung sind, dann sagt die amerikanische Regierung regelrecht, und das passiert mit uns, ›Wo bleibt die Dankbarkeit in der Geschichte, wir haben die Freiheit und Sicherheit der Deutschen erobert und erhalten‹. Wenn wir in einer *ernsten* Frage anderer Auffassung sind, dann kommt Geheimdienstmaterial auf den Tisch, das Deutschland belastet, und entweder ihr macht mit oder ihr seid dran. [...] Die Amerikaner haben eine ganz klare Vorstellung ihrer Interessenlage. [...] Und entsprechend wird das umgesetzt. Das ist die Realität.«[22]

Es fehlte in Europa nach 1989 ein geistiges analytisches Zentrum zur Formulierung eigener Positionen sowie der Wille, sich für diese auch einzusetzen. Europa war in den 1990er Jahren vollauf damit beschäftigt, *Europa zu denken*,[23] also seine Identität und die institutionellen Strukturen für seine politische Einigung zu entwickeln, ohne sich im globalen Kontext zu verorten, geschweigen denn für diesen verantwortlich zu fühlen. Und so übernahm Europa, ohne es wirklich selbst zu bemerken oder sich daran zu stören, die amerikanische Wirklichkeitswahrnehmung. Die europäischen Medien, das zeigen detaillierte Analysen,[24] spielten in diesem Moment der *pensée unique*, des »Einheits-Denkens«, das sich ab den 1990er Jahren über den europäischen Kontinent wölbte, eine zentrale Rolle. Europa war zu gerne »Lieb-Kind« des Westens, als dass es geistig wie politisch durch eine konsequente politische Emanzipation eine Mittelposition zwischen den USA und dem aufbrechenden Russland hätte einnehmen wollen, wie es die Karte von 1534 eigentlich nahelegt, bei der die Europa fest auf russischem Boden steht und nur den Kopf leicht in den Atlantik neigt.

Der Jugoslawien-Krieg und die mediale Steuerung der europäischen Politik

Von Arthur Schopenhauer weiß man in Europa, dass Können und Wollen das Gleiche sind und dass man, wenn man nicht machen kann, was man will, wollen muss, was man kann. Für Europa hieß das politisch, sich den USA zu fügen. Wo die Emanzipation zu anstrengend war, wählte man die politische und geistige Bequemlichkeit, aus der dann schnell europäische Gefügigkeit, um nicht zu sagen, Unterwürfigkeit wurde. Besonders deutlich wurde dies in den Jugoslawienkriegen (dem Bosnienkrieg von 1992 bis 1995 und dem sogenannten Kosovokrieg mit dem ersten NATO-Einsatz »out of area« 1999), die zu Beginn der 1990 Jahre die europäische Aufbruchstimmung trübten. Die Kriege überschatteten Europa und ließen die EU, die sich in Maastricht gerade zum Aufbau einer Europäischen Sicherheitspolitik entschlossen hatte, hilflos aussehen. Flüchtlingstrecks sowie die Zerstörung unzähliger Ortschaften reihten sich in die Reihe europäischer Gräueltaten und Zivilisationszusammenbrüche ein. Der französische Präsident François Mitterrand flog 1994, fast als Ausdruck dieser europäischen Ohnmacht, für einen Tag nach Sarajevo. Aber es waren die USA, die 1995 im Dayton-Agreement das Kriegsende herbei- und die Europäer ihrer Ohnmacht überführten. Dieser vermeintlich beherzte Einsatz der USA war, was die Deutungshoheit über die eigentlichen Kriegsgeschehnisse anbelangt, indes einer von vielen amerikanischen »*false-flag*«-Eingriffen in die europäischen Geschehnisse, mehr getrieben von eigenen strategischen Interessen als von dem Wunsch einer Befriedung des Balkans.[25] Dass den USA nicht an einer Befriedung des Balkans gelegen war, zeigt auch die NATO-Bombardierung Serbiens vom 24. März bis zum 10. Juni 1999 – ohne UN-Mandat ein völkerrechtswidriger Angriff. Er wurde zum Präzedenzfall für die von den USA angestrebte *Verpflichtung* zur Einmischung.

Wissenschaftler haben die Jugoslawienkriege als Informationskrieg erforscht.[26] Es gibt in den USA ein aus den 1930er Jahren stammendes Gesetz, den sogenannten *Foreign Agents Registration Act* (FARA), das vorschreibt, dass jede Public-Relations-Agentur, die in den USA mit ausländischen Vertragspartnern arbeitet, ihre Arbeitsverträge im Justizministerium hinterlegen muss. So möchte man über Propagandaaktivitäten ausländischer Regierungen im Bilde sein. Untersucht man die FARA-Akten in Bezug auf den Jugoslawienkrieg, so kann man feststellen, dass zwischen 1991 und 2002 157 amerikanische Presseagenturen von den verschiedenen Republiken oder Regionen Jugoslawiens beauftragt worden sind. 157 US-amerikanische Agenturen haben also den Jugoslawienkrieg durch PR-Strategien begleitet. Dabei ergab sich ein klares Übergewicht der gegen Serbien beziehungsweise gegen den Erhalt der Republik Jugoslawien agierenden PR-Agenturen. Die mediale Wahrnehmung des Jugoslawienkrieges wurde durch professionelle PR-Arbeit so geformt, dass den Europäern das Eingreifen der NATO in den Krieg notwendig vorkam. Erschreckt von Gräuelnachrichten aus dem Kriegsgebiet, sogenannten Hufeisenplänen[27] und vermeintlichen Konzentrationslagern[28], war die NATO auf einmal *out of area*, Deutschland stimmte für Awacs-Einsätze und Joscha Fischer trieb den Grünen den Pazifismus aus.

Auch der Serbienkrieg war bereits ein amerikanischer Stellvertreterkrieg auf europäischem Boden, der auf Russland zielte. Wie ein OSZE-Bericht später feststellte, hat der angebliche Völkermord im Kosovo, dessentwegen die USA Belgrad bombardierten, in dieser Form nicht stattgefunden.[29] Doch Dementi zählen bekanntlich nicht. Die USA hatten die europäische Ohnmacht genutzt, um sich als Spieler auf dem Balkan zu etablieren, standen mithin einen Fußbreit neben (dem russisch orientierten) Serbien und bestimmten fortan die politischen Geschehnisse auf dem (europäischen) Balkan bis hin zur offiziellen Anerkennung Kosovos als unabhängigen Staat am 18. Februar 2008. Auch zwei der fünf ständigen Mitglieder im UN-Sicherheitsrat wurden durch den Auftritt der NATO als globale Polizei quasi entmachtet, nämlich Russland und China. Ob die damals erfolgte Bombardierung der chinesischen Botschaft in Belgrad hiermit etwas zu tun hatte, mögen Historiker entscheiden. Jedenfalls gefielen sich die bequemen und beschämten Europäer darin, der amerikanischen Erzählung zu glauben und betreten zu schweigen.

Up Hill: Europas Aufbruch in den 1990er Jahren

Europa hatte 1989 keine Strategie und kaum politische Strukturen, dafür aber kühne Träume. Eine politische Union und ein gemeinsames europäisches Haus von Lissabon bis Wladiwostok. Europa machte sich an die Arbeit, dicke Bretter zu bohren.

Grundstein für das europäische Haus von Lissabon bis Wladiwostok wurden die schon erwähnte Charta von Paris vom November 1990 sowie der KSE-Vertrag von 1991. Er skizzierte die Idee einer kooperativen Friedensordnung inklusive Rüstungskontrollvereinbarungen und kollektiver Sicherheitsgarantieren. Der KSE-Vertrag war gleichsam die politische Quintessenz der 1980er Jahre, die unter dem Druck der Friedensbewegung und nach dem Streit um die US-amerikanischen Pershing- vs. den russischen SS-20-Raketen 1983 eine einzigartige Politik der Rüstungsbegrenzung und des Rüstungsabbaus hervorgebracht hatte: innerdeutsche Aussöhnung, das legendäre Gipfeltreffen zwischen Reagan und Gorbatschow in Reykjavik 1985, Glasnost, Tauwetter, START-Verhandlungen: Alle zählten damals fast jeden Tag Raketen beziehungsweise wie viele abgebaut wurden. All dies war der Zäsur von 1989 vorausgegangen, und damit die Hoffnung, man könne die Blockkonfrontation durch eine kooperative Friedensordnung überwinden. Die

Konferenz für Sicherheit und Zusammenarbeit in Europa (KSZE), die 1975 die Schlussakte von Helsinki verhandelt hatte, ein Meilenstein der damaligen Entspannungspolitik, wurde schließlich 1994 in die Organisation für Sicherheit und Zusammenarbeit in Europa (OSZE) überführt. Aus einer Konferenz wurde eine politische Institution.

Der Maastrichter Vertrag von 1992 wiederum war der Grundstein für die politische Union. Die Architekten des Vertrages, Helmut Kohl, Francois Mitterrand und Jacques Delors, waren alle drei Kriegskinder. Die europäische Einigung sollte ab jetzt nicht mehr nur *Nie wieder Krieg* bedeuten, auch der Kalte Krieg hatte Europa immerhin vierzig Jahre »kalten Frieden« beschert. Das Projekt des Maastrichter Vertrages war es jetzt, die europäische Einigung unumkehrbar zu machen. Dazu gehörte für Helmut Kohl eine gemeinsame Währung und eine Europäische Sicherheits- und Verteidigungspolitik.[30] Beides sollte jetzt in Angriff genommen werden, denn, wie Kohl mantraartig wiederholte, deutsche und europäische Einigung gehören zusammen. Europa brauchte also genauso einen Einigungsvertrag, wie Deutschland ihn im Oktober 1990 bekommen hatte.

Der Weg in die Währungsunion

Die europäischen Vertragsinhalte von Maastricht 1992 fielen nicht vom Himmel. Europa hatte seit der »Eurosklerose«, jenem Integrationsstillstand in den 1970er Jahren, als das Ende des Bretton-Woods-Systems zu turbulenten Währungsschwankungen in Europa geführt hatte, über eine gemeinsame Währung nachgedacht. Seit 1970 lagen die

Pläne des luxemburgischen Finanzministers Pierre Werner dazu in der Schublade. Helmut Schmidt und Valéry Giscard d'Estaing hatten ihnen 1979 durch die Einführung des Ecu-Währungskorbes, also einer europäischen Kunstwährung, mit der aber an den Finanzmärkten gehandelt werden konnte, einen Schub verpasst. 1986 sorgte der damalige Kommissionspräsident Jacques Delors dafür, dass der Plan einer europäischen Währung in die Einheitliche Europäische Akte kam. Hans-Dietrich Genscher machte die europäische Währung dann auf dem Europäischen Gipfel in Hannover 1988 zum Gegenstand der Tagesordnung. Der Plan lag also schon vor dem Mauerfall in der Luft. Der Fall der Berliner Mauer aber machte jenes Fenster der Geschichte auf, durch das die gemeinsame Währung vertragliche Realität in Europa werden konnte.

Der Vertrag von Maastricht war kein Ponyritt, sondern harte, höchst umstrittene Politik, gegen viele Widerstände. Frankreich hatte sich bereits in den 80er Jahren durch eine schmerzhafte Politik des *Franc Fort*, eines starken Francs, auf eine Währungsunion vorbereitet und durch Disinflation seine Inflations- und Zinsrate an die der D-Mark angenähert. Das war eine unglaubliche Kraftanstrengung für Frankreich sowie für alle anderen Länder, die in den Euro kommen sollten, vor allem für Belgien und Italien, die beide die Beitrittskriterien für die Währungsunion nicht erfüllten. Als Mitterrand am 20. September 1992 ein Referendum über den Maastrichter Vertrag abhalten ließ, das schließlich knapp gewonnen wurde, spekulierten die Finanzmärkte über Nacht wie wild gegen den Franc. Ganz Europa erzitterte. Doch die Märkte kamen schließlich nicht gegen die europäische Entscheidung an, sich auf das

Wagnis einer gemeinsamen Währung einzulassen. Europa hatte in diesem Moment politischen Willen und Kraft!

Hier ist kein Platz, um die vielschichtigen Probleme des Maastrichter Vertrages nachzuzeichnen. Es geht auch nicht darum, den Vertrag zu beschönigen: Alles, was beschlossen wurde, der Euro, eine gemeinsame Außen- und Sicherheitspolitik und ein gemeinsamer Raum der Freiheit, der Sicherheit und des Rechts, war unausgegoren. Aber der Vertrag begründet das sogenannte Drei-Säulen-Haus Europas: Währung, Außenpolitik und Inneres. Der Vertag rang um die Föderalisierung der EU, doch das föderale Prinzip – etwa konsequente Mehrheitsentscheidungen oder gleichgewichtige Stimmabgabe aller Mitgliedstaaten – konnte sich noch nicht durchsetzen. Europa wurde durch den Vertrag weder zum Staatenbund noch zum Bundesstaat, obwohl in den 1990er Jahren darüber eine Debatte einsetzte. Dennoch: In Maastricht wird ein unveräußerlicher, europäischer Grundrechtsbestand beschlossen, der auch eine *europäische Bürgerschaft* begründet. Das europäische Parlament, schon seit 1979 direkt gewählt, wurde weiter gestärkt. Das Fundament für ein europäisches Haus war gelegt.

Les grands projets européens und die europäische Seele

Jacques Delors, französischer EU-Kommissionspräsident von 1985 bis 1995, schickte sich an, den Vertrag politisch umzusetzen. Aus heutiger Sicht können die 1990er Jahre als emsige Jahre am Bau an einer europäischen Kathedrale bezeichnet werden. 1992 wird aus der europäischen Wirtschaftsgemeinschaft ein richtiger Binnenmarkt. Waren und Produkte kennen mithin keine Nationalität mehr. Reinheitsgebot für das deutsche Bier hin oder her: Andere europäische Biere dürfen fortan im Supermarktregal stehen. Ebenfalls 1992 entsteht auf deutsch-französischen Impuls hin das Euro-Corps, die Europäische Sicherheits- und Verteidigungspolitik (ESVP) nimmt Gestalt an. 1994 entsteht das *European Monetary Institute*, aus dem später die Europäische Zentralbank, EZB, hervorgehen sollte. Das Abkommen von Schengen zur Abschaffung der Grenzkontrollen, das bereits 1985 beschlossen wurde, wird ab 1995 zu einem europäischen Raum der Freiheit, der Sicherheit und des Rechts ausgebaut. Dazu kommt der bordeauxrote europäische Pass in Umlauf, ebenso Beethovens 9. Sinfonie als europäische Hymne. Die europäischen Kulturhauptstädte, schon seit 1985 jährlich ausgerufen, bekommen Auftrieb, Schriftsteller werden aufgefordert, über europäische Identität nachzudenken. Alles Dinge, die Jacques Delors als Kommissionspräsident schon in der Einheitlichen Europäischen Akte von 1986 verankert hatte, die aber jetzt in den 1990er Jahren Wirkung entfalteten. In diesen Aufbruchsjahren ist der politische Wille in Europa deutlich zu spüren, *gegen* Europa zu sein war politisch fast unmöglich, auch wenn der sogenannte permissive Konsens durch die Euro-Einführung schon merklich bröckelte. Grundsätzlich für Europa sein, das ja, aber bei der Währung hört die europäische Einigung auf, das galt damals schon für viele.

In den 1990er Jahren setzen also genau jene strukturellen Probleme ein, die die EU bis heute belasten: Ihre Abstimmungsmechanismen funktionieren nicht wie in einer normalen Demokratie. Die europäische »Trilogie« zwischen EU-Kommission, Rat und Parlament ist komplex. Es ist schwer, politisch etwas durchzusetzen, die EU-Institutionen sind träge. Die Bürger bekommen von den europäischen Entscheidungen kaum etwas mit. Trotz bester Absichten, eine politische Union zu werden, startet die EU mit einem Demokratiedefizit und mangelnder Legitimität, klaffende institutionelle Wunden, die bis heute nicht ausgeheilt sind. Legitimität und Souveränität der EU sind bis heute quälende politische Fragen, weil es immer noch um das entscheidende Problem geht: Wer entscheidet in der EU?

Die Architekten der politischen Union hangelten sich in den 1990er Jahren darum von Vertrag zu Vertrag. Jeder sollte die politische Union etwas besser machen. Auf den Maastrichter Vertrag folgte 1997 der Amsterdamer Vertag, der die *Left Overs* von Maastricht vor allem im Bereich der Mehrheitsentscheidungen lösen sollte. Doch der große Europäer Jean-Claude Juncker soll damals in einem Bonmot bemerkt haben, *in Amsterdam wollten die Europäer eine Kuh malen, aber sie malten eine Ziege.* In anderen Worten, der Amsterdamer Vertrag war weder schlecht noch gut, er brachte nur nicht das, was er hätte bringen sollen. Positives kam hinzu, mehr Rechte für das Europäische Parlament, Regelungen im europäischen Sozialrecht und vieles andere mehr. Aber die grundlegenden institutionellen Probleme blieben bestehen. Den eigentlichen Rubikon zur Föderation, zum Bundestaat, wollte oder konnte die EU in den 1990er Jahren dann doch nicht überschreiten und hat sich dadurch bis heute massive Handlungsunfähigkeit eingehandelt.

Vertiefung und Erweiterung gehören zusammen

Die institutionellen Probleme der EU wurden nicht besser durch die Erweiterungsrunden. 1995 traten zunächst Schweden, Finnland und Österreich der EU bei, während die große EU-Osterweiterung um zwölf Länder schon in Planung war. Die EU glich in diesen Jahren dem Versuch, Mayonnaise zu machen, die immer dann missglückt, wenn man zu schnell zu viel Speiseöl dazugibt. Der Amsterdamer Vertrag von 1997 sollte die institutionelle Reaktion auf die »Norderweiterung« sein, aber der föderale Durchbruch gelang wieder nicht. Kaum war die Tinte trocken, raste die EU schon auf ihren nächsten Vertrag zu, den von Nizza im Jahre 2000, der die institutionelle Anpassung an die EU-Osterweiterung, die für 2004 avisiert war, leisten sollte: Stimmengewichtung, europäisches Budget, Agrarpolitik, Ressort-Zuteilung der Kommissare, das alles, geplant einst für sechs, jetzt aber schon fünfzehn EU-Mitgliedstaaten, musste für 27 Mitgliedstaaten passend gemacht werden. Einige Regelungen gelangen in Nizza, zum Beispiel mussten die großen Mitgliedstaaten wie Frankreich und Deutschland von zuvor zwei EU-Kommissaren auf einen Kommissar reduzieren. Eine große Reform der europäischen Agrarpolitik gelang ebenfalls. Dadurch wurden Gelder frei für die EU-Osterweiterung. Andererseits bekam das deutsch-französische Tandem in Nizza seinen ersten Knacks, weil Berlin jetzt darauf besteht, dass die wegen der Wiedervereinigung inzwischen 80 Millionen Einwohner Deutschlands bei der Stimmengewichtung eingerechnet werden, zwischen Deutschland und Frankreich bei Abstimmungen also fortan unterschieden wird. Das führte dazu, dass die institutionelle Symmetrie zwischen Deutschland und Frankreich in der EU, die Grundlage für die Tandem-Funktion der beiden Staaten, gebrochen wurde. Für Frankreich ein Alptraum. Kaum eine Dekade nach Maastricht knirschte es also schon heftig im Gebälk der politischen Union.

Von allen Politikbereichen war beim Euro der Fortschritt am größten. Die Wechselkurse wurden 1999 fixiert, der Rat der Europäischen Zentralbank bekommt einen Direktor pro Land. Einzig die Währungsunion zeigte also föderale Strukturen in der Entscheidungsfindung, warf aber massive andere Probleme auf: Der Euro war kein optimaler Währungsraum, ohne gemeinsame Fiskalpolitik stand der Euro gleichsam nur auf einem Bein, eine koordinierte Geld- und Finanzpolitik war in Europa nicht möglich, die Einbettung des Euro in politische Strukturen gelang nicht, die alleinige Ausrichtung des Euro auf Stabilität störte alle Länder außer Deutschland, eine europäische Sozialunion, das Lieblingsprojekt von Jacques Delors 1989, ließ zehn Jahre später immer noch auf sich warten. Während der Euro 2002 schließlich in die Tasche der meisten europäischen Bürger gelangte, war das politische Europa erschöpft, bevor es richtig begonnen hatte. Man ahnte schon, dass es so nicht lange weitergehen konnte, zumindest nicht erfolgreich. Noch bevor die Osteuropäer 2004 unter die europäische Decke schlüpfen sollten, beschloss die EU, vielleicht mit einem letzten Anflug von Grandezza, sich auf den Weg zu einer Europäischen Verfassung zu machen, die die institutionellen Probleme ein für alle Mal lösen und Erweiterung und Vertiefung der EU zusammenführen sollte. Die entsprechende Erklärung dazu wurde 2001 im belgischen Laeken verabschiedet.

Man kann den USA nachsehen, dass sie von dem politischen Prozess der europäischen Einigung nie etwas wissen wollten. Dieser Teil der europäischen Integration ist seit 1989 nicht einmal transatlantischer Zankapfel gewesen, außer vielleicht im Bereich der europäischen Sicherheitspolitik.[31] Eher muss man konstatieren, dass die USA sich – zurecht – nicht dafür interessierten und zugleich zugeben, dass die europäischen Staaten sich ohne amerikanische *Balancing Power* oft nicht einigen konnten. Die USA waren in dieser Hinsicht für Europa stets Fluch und Segen zugleich.

Mit zwei noch wackeligen, im Rohbau befindlichen Häusern also machten die Europäer sich auf ins neue Jahrtausend!

Laurent Gaudé/ Roland Auzet
L'Europe, Banquet des Peuples

Ce que nous partageons, c'est d'avoir traversé le feu, d'avoir été, chacun, bourreau et victime, jeunesse bâillonnée et mains couvertes de sang. Ce que nous partageons, c'est d'être inquiet. Nous savons ce que l'homme peut faire à l'homme, nous connaissons l'abîme, nous avons été avalés par sa profondeur. L'Europe est né là, de ces ruines que l'on a voulu transformer en projet. De ces douleurs que l'on a voulu panser avec la paix. Ce qui nous lie, c'est d'être un peuple angoissé, qui sait l'ombre qui est en lui. L'Europe, c'est une géographie qui veut devenir une philosophie.
Un passé qui veut devenir boussole.

Un territoire de 500 millions d'habitants,
qui a décidé d'abolir la peine de mort,
de défendre les libertés individuelles,
de proclamer le droit d'aimer qui nous voulons,
d'être souverain en nous-mêmes,
libre de croire ou de ne pas croire
aucun Dieu unique en Europe,
aucun panthéon devant lequel s'agenouiller.
Le territoire est et vaste et doit le rester.
Nous sommes le continent Babel étrange et
compliqué qui ne tient que dans cet équilibre
subtil entre l'indépendance et la fraternité, la
liberté et l'unité.

Laurent Gaudé/ Roland Auzet
Europa, das Bankett der Völker[32]

Was wir teilen, ist, dass wir durch das Feuer gegangen sind, dass wir, jeder Einzelne, Henker und Opfer waren, geknebelte Jugend und blutverschmierte Hände. Was wir teilen, ist, dass wir besorgt sind. Wir wissen, was der Mensch dem Menschen antun kann, wir kennen den Abgrund, wir wurden von seiner Tiefe verschluckt. Europa wurde dort geboren, aus diesen Ruinen, die man in ein Projekt verwandeln wollte. Aus diesen Schmerzen, die man mit Frieden heilen wollte. Was uns verbindet, ist, dass wir ein ängstliches Volk sind, das um den Schatten in sich weiß.
Europa ist eine Geografie, die zu einer Philosophie werden will.
Eine Vergangenheit, die zum Kompass werden will.

Ein Gebiet mit 500 Millionen Einwohnern,
das beschlossen hat, die Todesstrafe abzuschaffen,
die persönlichen Freiheiten zu verteidigen,
das Recht zu verkünden zu lieben, wen wir wollen,
souverän in uns selbst zu sein,
frei, zu glauben oder nicht zu glauben,
keinen einzigen Gott in Europa,
kein Pantheon, vor dem man niederknien kann.
Das Territorium ist und groß und muss es auch bleiben.
Wir sind der Kontinent Babel, seltsam und kompliziert,
der nur durch das subtile Gleichgewicht
zwischen Unabhängigkeit und Brüderlichkeit
und Freiheit und Einheit zusammengehalten wird.

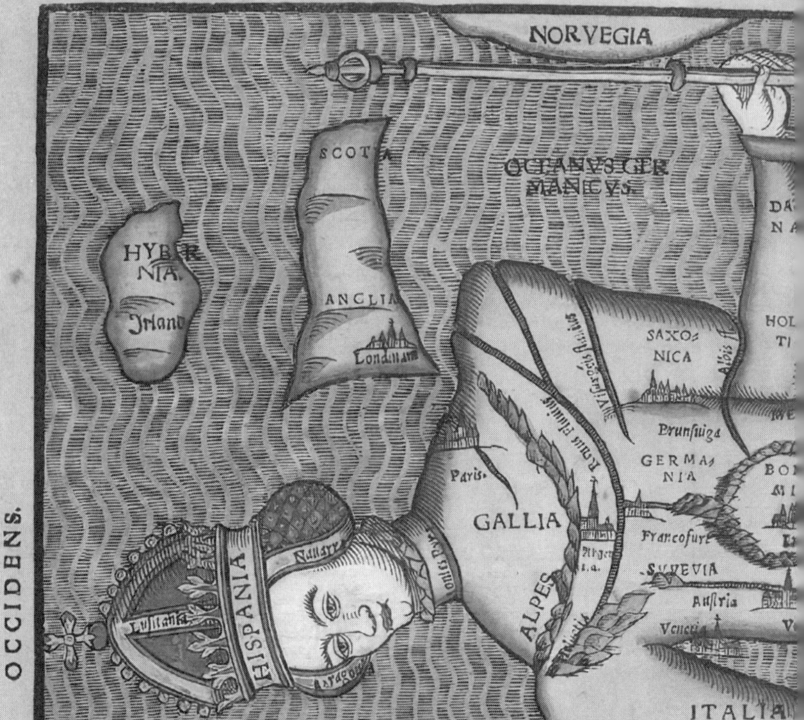

En tibi, formosæ sub forma Europa puellæ
Viuida fœcundos pandit vt illa sinus.

Ridens Italiam de
Obtinet, H

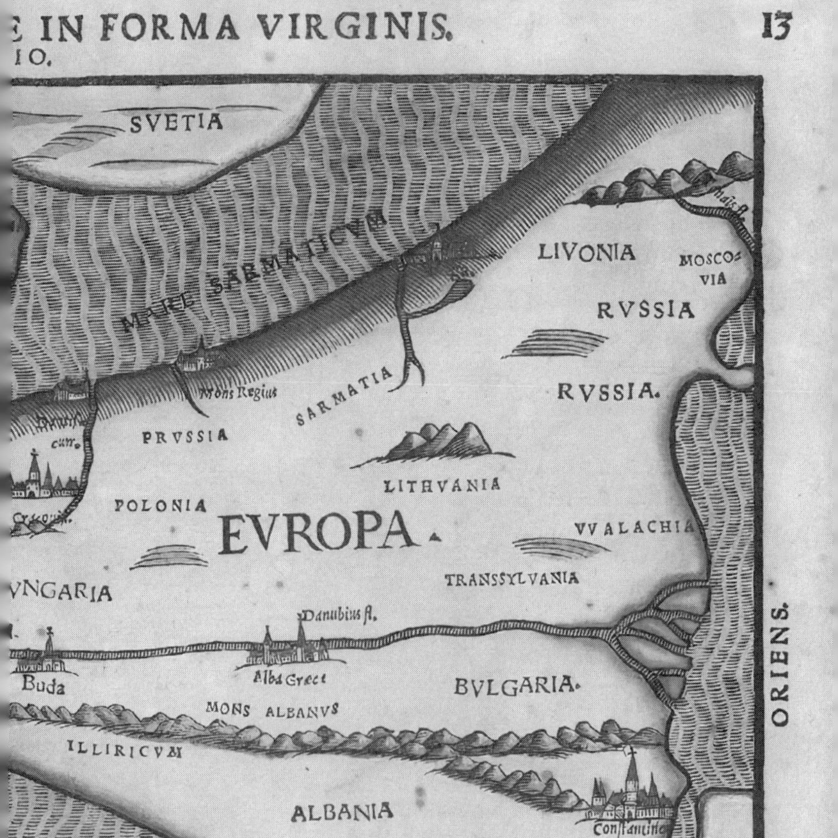

Die Retzer »Königin Europa«.
Kolorierter Holzschnitt, Augsburg 1534. Entwurf: Johannes Putsch (1516–1542), Ausführung: Jost Denecker (ca. 1485–1548) (Foto: © Museum Retz).

»Meine Europäerin«, Damien Saez

Das Lied Mon Européenne von Damien Saez bringt unseres Erachtens in sehr schöner Art und Weise zum Ausdruck, wie weit sich die EU von den Träumen eines geeinten, sozialen, emanzipierten und postnationalen Europas entfernt hat, wie sie im letzten Jahrhundert auf diesem Kontinent noch vorherrschten.

Das Scheitern dieser europäischen Träume ist auch der rote Faden dieses Buches, in dem wir über drei Jahrzehnte nachzeichnen, warum sich das politische Europa bisher weder ausreichend demokratisch verfassen noch emanzipieren konnte.

Saez geht in seinem Gedicht sogar noch weiter als die Karte der Königin Europa: »Sie hat nicht wirklich Grenzen | Ihr Körper ist der ganze Planet (…)«

Auch spricht er sich deutlich gegen Propaganda aus: »Das ist nicht der Walzer der Propaganda | Oder Hassreden in der Kneipe (…)« Saez vertritt deutlich den Gedanken, dass Europa zwei Flügel braucht, Russland und Amerika: »Sie ist Cherbourg und Sankt Petersburg (…) | Sie ist russisch-amerikanisch (…)« Und nicht zuletzt spricht er von der »beauté ukrainienne«.

Genau diese gilt es jetzt, wie wir argumentieren, in einer kontinentalen, föderalen Friedensordnung zu bewahren …

Wir empfehlen allen Lesern, dieses Lied auf YouTube anzuhören und den Text dieses Liedes, der im Internet frei verfügbar ist, anzuschauen.

Teil II: Die 2000er Jahre
Das Platzen der europäischen Träume

»Die macht mir mein Europa kaputt.«[1]
Helmut Kohl

Die Zeitenwende

In der Retrospektive kommt den Jahren um das Millennium, ungefähr von 1998 bis 2004, eine besondere Bedeutung zu: Europa kippte in den 2000er Jahren von *up hill*, von Enthusiasmus und Aufbruch, zu *down hill*, europäischer Mutlosigkeit und Stagnation. Die Arbeit an der politischen Union Europa versandete, kaum dass der Euro 2002 und die EU-Osterweiterung 2004 in trockenen Tüchern waren. Was war passiert?

Schnell erzählt sind die wichtigsten Eckdaten: Helmut Kohl, der letzte deutsche Europäer, verließ 1998 das Kanzleramt nach sechzehn Jahren. Parallel dazu entfernte die CDU 1998 unbemerkt das Ziel eines europäischen Bundesstaats aus dem Parteiprogramm. Auf den legendären Jacques Delors als EU-Kommissionspräsidenten, den Spiritus Rektor von Binnenmarkt und Euro, der Europa eine Seele geben wollte, folgte der farblose Luxemburger Jacques Santer, dann der ebenso farblose Romano Prodi. Die Zeit der *Grands Projets Européens,* der *großen europäischen Pro-*

jekte und des Strebens nach einer politischen Union war vorbei und mit ihr die Zeit der großen Staatmänner, Kohl, Mitterrand, Delors.

Euroeinführung

Der Euro kam, es muss erwähnt werden trotz erheblichen amerikanischen Widerstands, zu Beginn 2002 in die Taschen der europäischen Bürger, von niemandem richtig geliebt. Die Deutschen fürchteten die europäische Weichwährung, die anderen europäischen Länder die »europäische D-Mark« und die Amerikaner die Währungskonkurrenz des Euro. Gerhard Schröder nannte den Euro eine »kränkelnde Frühgeburt«.[2] Der bekannte amerikanische Ökonom Martin Feldstein schrieb im Dezember 1997 in *Foreign Affairs: »The Euro will change the political character of Europe in ways that could lead to conflicts in Europe and confrontations with the United States«.*[3] (Der Euro wird den politischen Charakter auf eine Art und Weise verändern, die Europa in Konflikte treiben und in Konfrontation mit den Vereinigten Staaten führen wird.)

Rund zehn Jahre später, in der Bankenkrise, sollten sich seine Vorhersagen insofern bewahrheiten, als dass Europa zwar nicht im Krieg landete, aber während der Bankenkrise immerhin wieder Bilder von Angela Merkel mit Hitlerbärtchen griechische Plakate schmückten und der Raub der griechischen Goldreserven aus Athen durch die Nazis im Zweiten Weltkrieg wieder zum Thema wurde. Blanker Hass, nur ohne Waffen diesmal. Europa und seine Geschichte in der Endlosschleife … Wie dünn die europäische

Zivilität war, konnte man in der Bankenkrise zum ersten Mal erleben.

Es geht an dieser Stelle nicht darum zu bewerten, ob der Euro gut oder schlecht war, ein ökonomischer Fehler oder ein Segen für Europa, sondern nur darum, dass er, als er an den Start geht, allen Staaten in Europa enorme wirtschaftspolitische Anpassungsleistungen abverlangte. Vor allem Deutschland, das aus Hybris mit einem überbewerten Wechselkurs in den Euro ging und darum zunächst *»sick man of Europe«*, *der kranke Mann Europas* wurde. Gerhard Schröder, inzwischen Kanzler, löste das Problem durch Hartz IV und die Schaffung eines Niedriglohnsektors à la Amerika. Zuvor hatte Schröder gleich zu Beginn seiner Amtszeit (einige munkeln gerne: auf amerikanischen Druck hin) dem Finanz- und Wirtschaftsminister Oskar Lafontaine, der so ungehörige Dinge wollte wie eine Regulierung des Finanzmarktes, die Arbeit so schwer gemacht, dass dieser entnervt hinschmiss und zurücktrat. Wäre Europa in der Lage gewesen, seine Finanzmärkte zu regulieren, so wäre es gegen die Bankenkrise zehn Jahre später wohl besser gewappnet gewesen.

Gerhard Schröder, kein großer Europäer, sprach in seiner Antrittsrede im Bundestag von der »Normalisierung« (man könnte auch sagen: Ent-Europäisierung) der deutschen Außenpolitik. Es war der Beginn des deutschen Europas, das hier eingepflockt und von Angela Merkel weiterbetrieben wurde, allerdings unter dem Deckmäntelchen der CDU, die das Ansehen der deutschen Europapartei genoss, weswegen der schleichende Wechsel vom *europäischen Deutschland* zu einem *deutschen Europa* in der ersten Dekade des neuen Jahrtausends zunächst niemandem auffiel.[4]

Die europäischen Großprojekte

Die drei großen europäischen Projekte der 1990er Jahre – Binnenmarkt, Euro und Europäische Verfassung – schafften also formal die Klippe des Millenniums. Aber es waren alles drei Ideen und Werk der Vorgängerregierungen, entsprungen dem Geist der 1990er Jahre, in denen aus heutiger Sicht besehen in allen EU-Staaten eine unglaubliche Aufbruchstimmung für ein geeintes Europa herrschte. Noch trübte kein Populismus, kein Nationalismus, keine soziale Krise die Stimmung, noch war Europa gleichsam in der *Ruhe vor dem Sturm.* Klar, es gab politische Schwierigkeiten ohne Ende, insbesondere die Euro-Vorbereitungen waren stark umstritten.[5] Parallel dazu beschäftigte die EU-Osterweiterung alle in Europa, Vertiefung und Erweiterung sollten Hand in Hand gehen. Die EU stand vor Herkulesaufgaben, aber *failure was no option,* Scheitern war keine Option. Euro, Verfassung, Osterweiterung, das war der große Drei-Hürden-Sprung, den die EU sich anschickte zu tätigen. Alle Länder nahmen gleichsam Anlauf. Im Unterschied zu heute gab es überall einen großen gesellschaftlichen und politischen Konsens, dass das alles richtig und wichtig war und gut gehen würde. Zwar gab es schon feine Risse im europäischen Gebälk, aber die wollte niemand sehen.

Die europäische Verfassung

Mit der Erklärung von Laeken 2001 wurde der Weg zur Europäischen Verfassung freigemacht. Europäische Identität, Bürgerrechte, soziale Fragen: Wie wollen wir in Zukunft zusammen in Europa leben? Diese Fragen wurden im Vorfeld breit diskutiert. Es gab Anhörungen von Verbänden und Organisationen in Brüssel, der Fokus lag auf den europäischen Bürgerrechten, Dutzende Anhörungen und Konferenzen fanden statt. Johannes Rau mischte sich als Bundespräsident in die Debatte ein, zusammen mit seinem italienischen Kollegen Carlo Azeglio Ciampi, mit einem *Manifest für eine europäi*sche *Verfassung* der Villa Vigoni.[6] Jürgen Habermas und Jacques Derrida begleiteten den Prozess in trauter deutsch-französischer connivence d'esprit, einer Gemeinsamkeit des Geistes. Das deutsch-französische Tandem hat damals politisch und intellektuell noch funktioniert. Wer heute in die vielen Texte und Bücher schaut, die damals über das politische Europa produziert wurden, kann sich nur wundern – und nostalgisch werden. Joschka Fischer hielt im Mai 2000 seine legendäre Humboldt-Rede über die *Avantgarde Europas.*[7] Noch schien alles gut in der EU. Selten hatte Europa wohl einen so quirligen Aufbruchsmoment wie damals. Man mag es sich kaum vorstellen, denn es ist erst zwanzig Jahre her, doch es wurde ernsthaft über einen europäischen Staat gesprochen. Der französische Philosoph Jean-Marc Ferry publizierte *L'Etat Européen – der europäische Staat.*[8] Europa als Staat zu denken war cool, nicht pfui. Dass es eine europäische Finanzverfassung[9] geben müsse, war klar, von *Transferunion*« war noch keine Rede, das europäische Vokabular war noch nicht vergiftet. Die bevorstehende EU-Osterweiterung – darin waren sich alle einig – sollte eine Vertiefung nach sich ziehen und die Verfassung war ebendiese Vertiefung.

Doch die Europäische Verfassung, hervorgebracht durch einen EU-Verfassungskonvent unter der Leitung des ehemaligen französischen Staatsprädienten Valéry Giscard d'Estaing, scheiterte 2005 zeitgleich an einem französischen und einem niederländischen »Nein«. Es geht hier nicht um die Glorifizierung dieses komplizierten EU-Verfassungstextes, um den hart gerungen wurde, insgesamt 272 Seiten, ein kompliziertes, fast unlesbares Vertragswerk. Es geht nicht darum zu kaschieren, dass die vom Konvent ratifizierte europäische Verfassung erheblich hinter dem zurückblieb, was man sich erhofft hatte: zum Beispiel einen veritablen Europäischen Außenminister, der auch so heißt, und nicht nur »Hoher Beauftragter für Außen- und Sicherheitspolitik«; eine starke soziale Säule und nicht nur die Grundlagen für die spätere Bolkestein-Direktive über die Liberalisierung der westeuropäischen Arbeitsmärkte für osteuropäische Arbeitskräfte und vieles andere mehr. Der Verfassungsvertrag enthielt viele Enttäuschungen, er war Produkt eines facettenreichen politischen Prozesses mit vielem Hin und Her, Ambitionen und Widerständen.[10] Der große Sprung war wieder nicht gelungen, die EU immer noch weder *Bundesstaat* noch *Staatenbund*. Aber die Symbolwirkung des Begriffes *Verfassung*, den darf man nicht unterschätzen. Mit dem Scheitern des Europäischen Verfassungsvertrags starb die Absicht des *politischen* Europas!

Unvergessen die beiden Tage, an denen zwei Gründungsstaaten, Frankreich und die Niederlande, auf einmal »Nein« zu Europa sagen. *Warum*? Eine Katerstimmung, ähnlich wie nach dem Brexit, hing über dem europäischen Kontinent. Europa duckte sich weg: Niemand wollte die Gründe wissen, vielschichtig, wie sie in beiden Ländern waren: der »polnische Klempner« als Angstkampagne vor den osteuropäischen Arbeitskräften in Frankreich, die Angst vor dem avisierten EU-Türkei-Beitritt, mit der im Oktober 2004 Verhandlungen aufgenommen worden waren, oder die Ermordung des Regisseurs Theo van Gogh, der die liberalen und toleranten Niederlande über Nacht in eine nationale Regression und Schließung gehen ließ. Danach machte sich in Europa politische Lethargie und institutionelle Ambitionslosigkeit breit, aus der die EU eigentlich bis heute nicht herausgefunden hat.

Krieg im Irak 2003

Ein kleiner Exkurs ist an dieser Stelle notwendig, um auf die zeitliche Kongruenz zwischen Europäischem Verfassungsvertrag und dem Einmarsch der USA in den Irak hinzuweisen. Am 20. März 2003 erfolgte der Einmarsch der USA in den Irak, angeblich weil Saddam Hussein Massenvernichtungswaffen besaß, die aber nie gefunden wurden, wie der Blix-Report der UNO später feststellte, während zeitgleich der Konvent über eine Europäische Verfassung in seine Endrunde ging und im Juli 2003 beschlossen wurde.[11]

Wichtig ist, dass die Europäische Verfassung durch die Überlappung der Ereignisse keine Aufmerksamkeit mehr generieren konnte. Die mediale Aufmerksamkeit galt jetzt dem *Embedded Journalism* im Irak Krieg, der laut Erzählung einer CNN-Reporterin ungefähr so funktioniert hat:[12] Die US-amerikanischen Journalisten sitzen alle im selben Hotel in Bagdad, morgens holt ein General einige ab. Es geht auf die Panzer: *Bitte hier fotografieren. Aber in die*

Richtung, lautet dann die Anweisung des Generals, *und uns vorher die Bilder zur Kontrolle geben.* So viel zur Kriegsberichterstattung.

Der zeitliche Zusammenhang zwischen Irak-Krieg und der Europäischen Verfassung ist in zweifacher Hinsicht interessant. Zum einen, weil Saddam Hussein im November 2002, einige Monate nach Einführung des Euro, das Barrel Oil an den Spot-Märkten in Euro denominieren lassen wollte, was für den Dollar und mithin die USA einen einschneidenden Verlust der Kontrolle über die Ölmärkte bedeutet hätte.[13] Zum anderen, weil der Irak-Krieg die Europäische Union, die sich gerade eine Verfassung geben wollte, sofort spaltet in Ost- und Westeuropa, noch bevor die EU-Osterweiterung formal vollzogen war.

Ungefähr zu der Zeit, als Gerhard Schröder und Jacques Chirac in einem letzten Anflug von europäischer Skepsis gegenüber den USA den Irak-Krieg verurteilten und Joschka Fischer 2003 auf der Münchner Sicherheitskonferenz dem US-Verteidigungsminister Donald Rumsfeld sein legendäres *I am not convinced* entgegenschleuderte, als Millionen Bürger in Westeuropa in Berlin, Paris, Rom, Madrid und London gegen den Irak-Krieg auf die Straße gingen[14], erschien im Wall Street Journal ein Aufruf »United We Stand«,[15] den zehn osteuropäische Staats- und Regierungschefs unterzeichnet hatten. Präsident Bush jun. triumphierte. Schröder und Chirac seien eben *old Europe* und er sei glücklich, dass es jetzt ein *new Europe* gäbe. So wurden die Osteuropäer zum trojanischen Pferd der USA in der EU und das veränderte alles: das europäische Gleichgewicht, die europäischen Erinnerungsorte, die außenpolitischen Ziele und Interessen der EU. Eine Vertiefung Europas oder gar eine politische Union gehörten fortan nicht mehr dazu!

EU-Osterweiterung

Die EU-Osterweiterung 2004 veränderte das Antlitz Europas. Die osteuropäischen Staaten, die beitraten, waren nicht mehr die der Generation des Prager Frühlings, der polnischen Solidarność oder der Charta 77. Es waren nicht mehr Bronisław Geremek oder Václav Havel, die Intellektuellen oder Staatsmänner jenes *Mitteleuropas*, das der kulturelle Speicher Europas der Zwischenkriegszeit war, das die gleichen Kaffeehäuser von Budapest über Wien und Prag bis Warschau beherbergte und das hinter dem Eisernen Vorhang die gleiche Samisdat-Presse und Intelligenzija hervorgebracht hatte. Diejenigen, die nach der EU-Osterweiterung das politische Ruder und die osteuropäischen Zeitungsredaktionen übernahmen, waren junge, amerikanisierte Eliten mit Harvard- und Washington-Connections, prototypisch zum Beispiel Radek Sikorski,[16] der spätere polnische Außenminister. Für sie waren die USA der unbestrittene Dirigent der europäischen Geschehnisse, der Primus inter Pares in Europa, die NATO das eigentliche Ziel, das Abrücken von Moskau die Essenz der EU-Osterweiterung und das Geld der EU lediglich der Zucker für all das. Eine politische Union Europa war nicht in der DNA ihrer politischen Absichten.

Auf der Strecke blieb ein in der Tat altes Europa und seine Ambition auf eine politische Union, vor allem aber war ein immenser kultureller Verlust zu beklagen. Denn das junge, liberale, amerikanisierte Osteuropa erinnerte sich nicht mehr an Mitteleuropa. Im Gegenteil wirbelten die neuen Eliten die osteuropäischen Gesellschaften ebenfalls mithilfe einer Schocktherapie durcheinander. Gewinner war, wer jung, gebildet und mobil war. Alle anderen, die ehemaligen Kommunisten, die Landbevölkerung, die Älteren, die Ungebildeten, die Nicht-Flexiblen und Nicht-Mobilen, waren die Verlierer. All jene, die heute populistisch wählen: Die EU war nicht gut für sie.

Kurz: Europa begann die erste Dekade des neuen Millenniums mit einem Euro, der die Neoliberalisierung der EU vorantrieb, mit dem Scheitern der Europäischen Verfassung, was die institutionelle Vertiefung und zugleich eine soziale Säule in Europa verhinderte, sowie mit einer formal gelungenen EU-Osterweiterung, die aber das kulturelle Antlitz sowie die institutionelle Balance der EU veränderte. Immer noch hoffnungsfroh, aber seiner eigentlichen Ziele, vor allem dem einer politischen Union, schon entkernt.

Noch spürte man es nicht. Nach dem französischen *Nein* duckte sich Europa weg unter der Schockwelle. Angela Merkel flickte Versatzstücke des Verfassungsvertrages im sogenannten Lissabonner Vertrag zusammen, der 2009 endlich, wenn auch unter Mühen, ratifiziert wurde.[17] Aber zu diesem Zeitpunkt interessiere es schon niemanden mehr. Der Aufbau eines Europäischen Diplomatischen Dienstes stand zwar noch auf dem Programm und Javier Solana tat 2004 sein Bestes mit der Abfassung einer Europäischen Sicherheitsstrategie, die die außenpolitischen Ambitionen der EU festlegen sollte, aber es war alles schon mehr *Schein* als *Sein*. Doch wer gesteht sich schon gerne die Lebenslüge eines *politischen Europas* ein?

Deutschland war schon auf dem Weg in seinen nationalen Moment – die Fußball-WM 2006 war das *deutsche Sommermärchen*, Lena sang *Satellite* auf dem Europäischen Song Contest 2010, *Schland* wurde zum Land der Ideen und versank in Selbstliebe. Endlich wieder deutsche Fahnen, ohne dass jemand muckste. Die europäischen Fahnen wurden eingerollt. Frankreich versank in der wirtschaftlichen Depression. Es war mit der Euro-Einführung nicht klargekommen. Zudem rumorten die Vororte von Paris und Lyon unter der Migration. 2004 brannten Vororte infolge von *Riots*, nachdem Innenminister Nicolas Sarkozy die *Jeunes Beurres*, junge Franzosen mit Migrationshintergrund, als Lumpenpack bezeichnet hatte. Das einstige europäische Tandem verlor sich zusehends aus den Augen.[18] Schon in der zweiten Hälfte der 2000er Jahre taumelte die EU also ihrer politischen Handlungsunfähigkeit und zunehmenden Bedeutungslosigkeit entgegen, aber es ließ sich noch gut verdrängen. Dass Ungarn 2008, Polen 2011 in den Euro sollten, wurde schnell vergessen. Die Bankenkrise sollte diese Pläne ein paar Jahre später endgültig begraben.

Die europäische Realität hielt mit der Ambition nicht mehr Schritt: die großen Projekte – Euro, Erweiterung, Verfassung – hatten die EU in einen politischen Überschwang gebracht. Europa hatte sich gedanklich in eine große Zukunft projiziert, das konnte man damals spüren: Das Buch: *Why Europe will run the 21st Century* von dem Briten Marc Leonard wurde zu Beginn der Dekade zum Bestseller.[19] Wer würde heute noch wagen, das so zu formulieren? In *Warum Europa das 21. Jahrhundert anführen wird* wird Europa als führende, normenbasierte und nicht militärische Führungsmacht gezeichnet, durch *rule of law*,

Regulierung und Handel. *Soft Power* war das europäische Schlagwort der Stunde, in Abgrenzung zum hässlichen Irak-Krieg der USA. Ähnlich der berühmte US-Amerikaner Jeremy Rifkin, der in seinem Buch *How Europe's Vision of the Future is quietly eclipsing the American Dream* (*Der Europäische Traum: Die Vision einer leisen Supermacht)*[20] die Europäer geradezu anflehte, die globale Führungsrolle der USA zu übernehmen, derart hätten sich die USA blamiert. Bush jun. hatte statt Al Gore unter umstrittenen Umständen die US-Wahlen 2000 gewonnen. Es ist der erste *populist turn* in den USA. Ab sofort wurde in Washington um 17.30 Uhr zu Abend gegessen und danach gebetet. Auch das *liberale* Amerika sehnte sich nach etwas anderem als einem US-Hegemon, der in die nationale Regression der *Homeland Security* schlittert, um seine Kränkung durch 9/11 zu heilen, aber gleichzeitig nach Rache dürstete. Europa sollte diese Alternative sein …

Europa und die Neokonservative Wende in den USA

Schauen wir darum aus amerikanischer Sicht auf die Zeitenwende um das Jahr 2000. Was machten die USA in und mit Europa? Wie nahmen sie Euro, EU-Osterweiterung und Verfassung wahr? Und, nicht zu vergessen, die parallel dazu verlaufenen Bauarbeiten am zweiten europäischen Projekt, der eurasischen Friedensordnung. Inzwischen war Putin in Russland Präsident geworden, verhalten neugierig auf eine Annäherung an Europa und einer kooperativen Sicherheitsarchitektur gegenüber nicht abgeneigt.[21] Heute kaum vorstellbar, aber auf sicherheitspolitischen Konferenzen wurde damals tatsächlich über eine EU-Mitgliedschaft Russlands diskutiert.[22] 2001 hielt Putin eine lange Rede auf Deutsch vor dem Bundestag und bekam *standing ovations*. Die EU stand, rund zehn Jahre nach 1989, vor der Apotheose ihrer beiden Projekte. Trotz aller Probleme war die EU irgendwie in den Startlöchern, die USA in ihrer *globalen Führungsrolle* abzulösen. Konnte den USA das recht sein, ihnen, die Europa im 20. Jahrhundert nach 1949 gleichsam wie mit dem Fläschchen aufgepäppelt hatten? Wer in diesen Jahren in Washington unterwegs war, konnte oft ein bewusstes *downtalking* hören. *Europe is going down the toilets, Europa geht den Bach runter*, war einer der oft gehörten Sprüche. Die europäische Verfassung wurde milde belächelt. Amerikanische Politikwissenschaftler wie Andrew Moravcsik füllten Journal um Journal mit Analysen, warum die EU als politisches Projekt nie funktionieren könne.[23] Handelsmacht ja, aber als politisches Projekt wurde die EU von den USA nie ernst genommen und nie unterstützt. Die potenzielle Konkurrenz war zu offensichtlich. Die Idee einer politischen Emanzipation Europas war mit einer *Atlantic Alliance* strukturell nicht kompatibel. Russland wurde ebenfalls nicht ernst genommen in Washington. Auch hier war man nicht bereit, das in den 1990er Jahren gewonnene Bild eines gescheiterten Staates zu überdenken. Im Mai 2001 veröffentlichte das amerikanische Monatsmagazin *The Atlantic* eine Ausgabe mit dem Titel: »Russia is Finished«.[24]

Anderer Wind aus Washington: Der Aufstieg der Neocons

Der Wechsel des Jahrtausends ging auch in Washington mit einer dramatischen Umstellung einher. Obwohl bereits unter Clinton in den 1990er Jahren, wie ausgeführt, erhebliche Differenzen in den Zukunftsvorstellungen der Europäer und Amerikaner bestanden, formierte sich um die Jahrtausendwende eine Gruppe von Politikberatern, die von einer noch radikaleren amerikanischen Außenpolitik träumte: Die *Neocons*.

Deren geistige Ursprünge lassen sich bis in die 1960er und 1970er Jahre zurückverfolgen, als ein Teil von ihnen bei dem Philosophen Leo Strauss studiert hatte, dessen politische Ideen als voraufklärerisch und tendenziell antidemokratisch gelten,[25] insofern politische Legitimität nicht vom Volk, sondern aus der Elite abgeleitet wird. Realpolitische Kompromisse, so die Neocons, würden von anderen Mächten nur als Provokation wahrgenommen. Kompromisse und Diplomatie seien für ein Imperium wie die USA immer ein Zeichen von Schwäche. Die Neocons strebten nach politischer Macht, um der amerikanischen Außenpolitik ein stärkeres Sendungsbewusstsein zu vermitteln. Seit 1995 veröffentlichten sie ihre politischen Sichtweisen in der zu diesem Zweck gegründeten Zeitschrift *Weekly Standard*. Und seit 1997 stand ihnen dafür ein eigener Thinktank zur Verfügung, nämlich das *Project for a new American Century* (PNAC).

Im Jahr 2000, mit dem knappen und umstrittenen Wahlsieg von George W. Bush, kamen die *Leitfiguren* der *Neocons,* Donald Rumsfeld und Dick Cheney, erneut an die

Macht, nachdem beide schon einmal in der Ford-Administration Ämter innehatten. Ihr Projekt: den Machtvorsprung der USA nach dem Kalten Krieg so weit auszubauen, dass auch das 21. Jahrhundert ein *neues amerikanisches Jahrhundert* sein würde. Im September 2000 veröffentlichte PNAC die Denkschrift *Rebuilding America's Defenses.*[26] In dieser Schrift zum Wiederaufbau der Verteidigung der USA trat man für einen massiven Anstieg der Verteidigungsausgaben ein. Die USA müssten durch neue Technologien eine Revolution in der Kriegsführung erreichen, die wiederum die Überlegenheit der USA auf Jahrzehnte sichern würde. Zum selben Zeitpunkt also, als Europa sich in eine globale Führung durch *Softpower* hineinträumte, als die EU sich anschickte, die Weichenstellungen von 1989 – politische Union und kontinentale Friedensordnung – durch die *grands projets européens* konkret einzupflocken und vertraglich zu verankern, wurde in den USA auf globale Überlegenheit umgesteuert.

Kurz nach der Jahrtausendwende – die neue neokonservative Regierung war erst etwas mehr als ein halbes Jahr im Amt – kam es zu einem kataklystischen Ereignis: Am 11. September 2001 flogen zwei Flugzeuge in die Zwillingstürme des World Trade Centers. Ein weiteres Flugzeug traf das Pentagon. Es stürzte zudem ein Dritter Turm des World-Trade-Center-Komplexes ein. Die Anschläge führten zu einer gewaltigen militärischen Mobilisierung der USA. Europa zeigte sich ebenso erschrocken wie solidarisch, der Beistandsartikel der NATO nach Art. 5 wurde erstmalig in der Geschichte ausgerufen. Da ein wirklicher geopolitischer Gegner nicht auszumachen war, fokussierten sich die Überlegungen der Bush-Regierung vor allem auf die Neuordnung des Nahen Ostens. Es ging den Neokonservativen vor allem darum, die säkularen Regime in Irak, Syrien und Libyen, die sich einst an der Sowjetunion orientiert hatten, zu entmachten. Wie der ehemalige Oberbefehlshaber der NATO, General Wesley Clark, im Fernsehen bekannt machte, hatte die Bush-Regierung nach dem 11. September zunächst geplant, im Nahen Osten sieben Kriege in fünf Jahren zu führen, nämlich im Irak, in Syrien, im Libanon, in Libyen, in Somalia, im Sudan und schließlich dem Iran.[27] Alle diese Länder wurden in den darauffolgenden Jahren massiv destabilisiert.

Während Europa also auf eine Friedensdividende von Europa *whole and free* hoffte und eine multipolare Ordnung anstrebte, in dem das geeinte Europa endlich einen würdigen Platz finden sollte, bauten die USA an einer *New World Order* in den Worten von Präsident Bush. Europäische und amerikanische Pläne kamen zunehmend in Konflikt. Was für die USA gut, wichtig und richtig erschien, fing an, die europäischen Pläne von politischer Union und kontinentaler Friedensordnung – zusätzlich zu den internen Schwierigkeiten – zu konterkarieren. Der Irak-Krieg spaltete Europa in Ost und West, die NATO-Osterweiterung überlagerte die politische Union, die europäischen Großprojekte wurden empfindlich gestört. Die Verantwortung dafür lag bei der EU beziehungsweise ihren Mitgliedstaaten, aber das amerikanische Störfeuer war unüberhörbar.

NATO-Osterweiterung

2004 kam es zur zweiten Runde der NATO-Osterweiterung. Dieses Mal traten mit Rumänien, Bulgarien, Litauen, Lettland und Estland fünf Staaten bei, die an Russland oder das Schwarze Meer angrenzen und somit direkt die Sicherheitsinteressen Russlands berührten. Russland protestierte nur sanft, obgleich der Westen mehrfach gegenläufige Versprechen abgegeben hatte.[28] Allerdings wurde der Beitritt durch den zwei Jahre zuvor gegründeten NATO-Russland-Rat, der die Zusammenarbeit zwischen der NATO und Russland verbessern sollte, abgefedert. Der wahre Wert dieses Rates zeigte sich indes 2014, als er angesichts der sich vertiefenden Ukrainekrise sofort eingefroren wurde. Mit anderen Worten: Der NATO-Russland-Rat hatte vor allem die Funktion, den Russen und Europäern eine Zusammenarbeit mit Russland vorzugaukeln, während Russland in Washington bereits als Feind identifiziert worden war. Vor allem mit Blick auf den Aufbau einer kooperativen eurasischen Sicherheitsarchitektur waren amerikanische und europäische Interessen längst nicht mehr kongruent. Die NATO-Ausdehnung in Verbindung mit der Entwicklung eines Raketenschildes rief in Moskau Erinnerungen an die Expansion des Dritten Reiches hervor. Auch dieses hatte sich über mehrere Jahre an die russische Grenze herangeschlichen, ehe es zum Überfall kam. Peter Scholl-Latour beendet schon 2007 sein Buch *Russland im Zangengriff* mit der Kapitelüberschrift »Noch 300 Kilometer bis Stalingrad«, was sich auf die NATO-Mitgliedschaft der Ukraine bezog.[29]

»Regime-Change« in Tiflis und Kiew

Als dann auf dem Bukarest-Gipfel 2008 schließlich die NATO-Beitritte von Georgien und der Ukraine auf die politische Tagesordnung kamen, veränderte sich das Klima und wurde eisig. Kurz vor dem NATO-Beitritt war es in Tiflis zu einer Regime-Change-Operation gekommen. Die USA hatten in Georgien im Zuge der sogenannten Rosenrevolution eine US-freundliche Regierung eingesetzt. Ein halbes Jahr danach wiederholte sich Ähnliches in Kiew.

Regime-Change-Operationen oder Putsche werden indes heute anders durchgeführt als etwa in Latein- oder Mittelamerika in den ersten Jahrzehnten des Kalten Krieges. Noch 1973 hatten die USA in Chile einen Putsch nach dem alten Muster durchgeführt, insofern sie Teile des chilenischen Militärs auf ihre Seite zogen, die dann die damalige Regierung unter Salvador Allende einfach erschossen.[30] Es war ein offener Putsch und die ganze Welt wusste, dass die Drahtzieher in Washington saßen. Gut zweieinhalb Jahre später sollte es Argentinien treffen. *Don't cry for me, Argentina*, ging um die Welt.

Heutzutage werden Staatsstreiche verdeckter durchgeführt und vor allem durch die Medien vorbereitet. Der eigentliche Putsch wird hinter organsierten Massendemonstrationen versteckt. Alles sieht so aus, als wünsche die Bevölkerung selbst den Machtwechsel. Die Technik zur Durchführung von sogenannten Farbenrevolutionen wurde von dem Politikwissenschaftler Gene Sharp entwickelt, der viele Jahre gewaltfreie Protestaktionen in verschiedenen Gesellschaften erforscht und die Wirkung verschiedener Aktionen systematisiert hat.[31] Dies ermöglichte jetzt, politische Proteste nach Plan anzuwenden und durch die Aufeinanderfolge bestimmter Aktionen bestimmte Wirkungen zu erzielen. Heute werden »Farbenrevolutionen« von PR-Agenturen systematisch geplant. Sie beginnen meist mit einem Narrativ, das die herrschende Regierung delegitimiert, etwa weil sie die Wahlen gefälscht habe. Dann kommt es zu einer Abfolge an gewaltfreien, aber symbolischen Handlungen. Die daraufhin entstehenden Massenproteste werden von zahlreichen NGOs begleitet, die die Menschenansammlungen durch eine Vielzahl an Angeboten und weiteren Veranstaltungen binden und die wochenlange Fortsetzung der Proteste organisieren. Nicht selten werden dabei auch Mietdemonstranten eingesetzt. Schließlich werden Symbole entworfen, die den Widerstand ausdrücken. In Georgien waren dies Rosen und in der Ukraine im Jahre 2004 die Farbe Orange. Schließlich kommt es zu Gewaltexzessen der Polizei, die entweder provoziert werden oder durch Spezialeinheiten inszeniert werden, falls die zu stürzende Regierung sich nicht hat provozieren lassen. Nach den Gewaltexzessen werden paramilitärische Gruppen eingesetzt, die den Putsch vollziehen. Für den unbedarften Beobachter sieht alles aus wie eine demokratische Revolution, während faktisch die USA »ihren Mann« im betreffenden Land an die Macht gebracht haben. Das hegemoniale amerikanische Vordringen in Osteuropa hatte seit diesen Farbenrevolutionen System. Stets wurde die EU danach aufgefordert, das betreffende Land in die EU aufzunehmen: Moldawien, Georgien oder die Ukraine. Wollen kann das nur jemand, der keine Absichten hat, aus der EU eine politische Union zu machen. Dafür war die EU spätestens seit der Osterweiterung von 2004 eh zu überdehnt.

»Full Spectrum Dominance« und der Raketenschild

Neben der immer ausgedehnteren NATO-Osterweiterung beunruhigte die Russen auch die Militärdoktrin der USA. Die USA arbeiteten mit Hochdruck an einem Raketenschild sowie an der Bewaffnung des Weltraums. Beide Rüstungsbereiche richteten sich gegen Russland und China. Bereits im Jahr 2006 war in der Zeitschrift *Foreign Affairs* verkündet worden, dass die USA nun gegenüber Russland über eine »Nukleare Erstschlagkapazität« verfügen würden.[32] Faktisch bedeutet dies, dass die USA in einem Überraschungsangriff das gesamte nukleare Arsenal Russlands hätten vernichten können. Und sofern noch ein paar Raketen unzerstört geblieben wären, hätten diese durch das Raketenschild abgefangen werden können. Daran wird auch die in Wirklichkeit offensive Funktion des Raketenschildes sichtbar. Er dient nicht der Verteidigung, sondern dazu, einen nuklearen Erstschlag abzusichern. Hinzu kam noch, dass die USA ihr Militär nach einer Militärstrategie reorganisieren wollten, die unter dem Titel *Full Spektrum Dominance* bekannt geworden ist. Ziel war es, die Armee, die Marine, die Luftwaffe, die elektromagnetische Kriegsführung, die Weltraumkriegsführung und schließlich die Informationskriegsführung (zu der auch die Inszenierung von Farbenrevolutionen gehört) so miteinander zu verschränken, dass eine totale Überlegenheit über jeden potenziellen Gegner gewährleistet wäre. Diese Übermacht sollte das »neues amerikanische Jahrhundert« ermöglichen.

Russland fürchtete, dass das strategische Gleichgewicht verloren gehen könnte, zumal in Washington die Errichtung eines Raketenabwehrschildes vor Russlands Grenze in Polen und Rumänien diskutiert wurde und Russland über keinen vergleichbaren Raketenschild so nahe an der amerikanischen Grenze verfügt. Putin ließ kaum eine Gelegenheit aus, westlichen Journalisten die Brisanz der Entwicklung zu erklären. Die von Kohl und Gorbatschow für beide Länder angestrebte *ungeteilte Sicherheit* war stillschweigend in eine geteilte Sicherheit verwandelt worden, die Absichten aus dem KSE-Vertrag de facto begraben. Statt dass sich, wie Kohl und Gorbatschow es noch geplant hatten, zwei Armeen gegenüberstünden, die schwach im Angriff und stark in der Verteidigung, also faktisch zum Angriff nicht fähig wären, machten die USA sich daran, Russland mit den Raketenabschussrampen des Raketenschildes zu umstellen, zunächst in Polen und Rumänien, dann auch als mittels mobiler seegestützter Systeme. Offiziell wurde behauptet, diese Raketen seien nur Abfangraketen und würden sich gegen den Iran richten. Als Russland darum bat, dies schriftlich zu fixieren, weigerte man sich in Washington. Zudem wies man in Moskau immer wieder darauf hin, dass sich die Abfangraketen durch eine einfache und kaum bemerkbare Umprogrammierung in Angriffsraketen verwandeln konnten. Parallel machten sich die USA daran, den Weltraum zu bewaffnen, und verweigerten jedes russische oder chinesische Ersuchen um eine Rüstungskontrolle von *Space Weapons*.[33] Die Welt war in einen neuen Rüstungswettlauf eingetreten, der seit den späten 1980er Jahren überwunden geglaubt war.

Putins Rede auf der Münchner Sicherheitskonferenz

Putin wählte die Münchner Sicherheitskonferenz 2007, um Russlands Sicherheitsbedenken öffentlich zu machen. Gleich zu Beginn seiner Rede[34] beklagte er den Verlust *ungeteilter Sicherheit.* Stattdessen würde ein spezifisches Land – gemeint waren die USA – seine eigene Sicherheit auf Kosten anderer Staaten zu maximieren suchen. Putin unterstrich, dass sich in einer solchen Welt niemand mehr sicher fühlen könne. Er sprach von einem Vertrauensverlust in den internationalen Beziehungen und beklagte, dass Russland nicht wisse, ob sich die USA wirklich an die vereinbarten Rüstungsbeschränkungen halten würden. Er führte aus, dass ein System von Doppelstandards entstanden sei, in dem Russland eine untergeordnete Position habe. Die Degradierung der UNO zugunsten der NATO wurde ebenfalls erwähnt und der daraus resultierende Verfall des Völkerrechts als fatale Entwicklung beschrieben. Ausdrücklich wurde betont, dass die amerikanische Politik seit den 1990er Jahren auf einer Fehlentscheidung beruhe, nämlich auf der falschen Annahme, dass es im 21. Jahrhundert möglich sei, eine unipolare Weltordnung zu schaffen, in der es nur ein globales Entscheidungszentrum gäbe. Putin betonte, dass einer solchen Weltordnung »kein moralisches Fundament für die moderne Zivilisation zugrunde liege«. Was Putin damit meinte, ist, dass es im 21. Jahrhundert nicht ein wirtschaftliches, gesellschaftliches oder auch staatliches Zivilisationsmodell geben könne, sondern nur die friedliche Ko-Existenz mehrerer. Doch das will man im Westen nicht hören. Das *Ende der Geschichte* sollte ein amerikanisches Ende sein …

Der Georgienkrieg 2008

In der deutschen Öffentlichkeit wurde Putins Rede nicht ernst genommen. Ein tiefgreifender Dialog mit Moskau blieb aus. Die Fronten verhärteten sich auf beiden Seiten. Die langsam einsetzenden innenpolitischen Entwicklungen in Russland, etwa der Demokratieabbau oder die Ausweisung von westlichen NGOs, müss(t)en als Wechselwirkung zu dieser außenpolitischen Frontverhärtung betrachtet werden, werden im Westen aber als einseitige »Autokratisierung« Russlands erzählt.

Die Spannungen führten dazu, dass die fast schon beschlossene Erweiterung der NATO um die Ukraine und Georgien wegen deutscher und französischer Bedenken auf dem Bukarest-Gipfel von 2008 vorerst vertagt wurde. Aus Enttäuschung über den nicht zustande gekommenen NATO-Beitritt versuchte der georgische Präsident Michail Saakaschwili am 8. August 2008 – dem Eröffnungstag der olympischen Spiele in Peking –, die abtrünnigen Republiken Südossetien und Abchasien zu besetzen. Er hoffte, die »territoriale Integrität« Georgiens wiederherzustellen, um die Chancen auf einen georgischen NATO-Beitritt zu erhöhen, und überrumpelt Putin, der zu dieser Zeit Ministerpräsident ist und gerade die Eröffnungsfeier in Peking besucht. Russlands damaliger Präsident Dmitri Medwedew reagierte jedoch schnell und kommt den Republiken zu Hilfe. Georgien wurde kurzfristig von der russischen Armee besetzt und die Teilrepubliken vertieften ihre Abspaltung von Georgien. Bereits nach fünf Tagen war der Krieg vorbei. Vom wahren Kriegsverlauf erfuhren die meisten Europäer erst Wochen später, als ein EU-Bericht Georgien als die kriegsauslösende Partei benannte.[35]

Da die meisten westlichen Medien zuvor Moskau zum Aggressor erklärt hatten, blieb das Bild vom »russischen« Krieg in der Öffentlichkeit weitgehend bestehen. Dass Dementi nicht zählen, darauf hatten die USA schon oft vertrauen können. Statt eines Schuldeingeständnisses durch Georgien – Michail Saakaschwili ging in Washington ein und aus – nahm die Negativdarstellung Russlands in Europa beständig zu.

Kriege fangen in der Presse an

Während von Georgien bis zur Ukraine eine *Regime-Change-Operation* nach der anderen durchgeführt wurde, während das Raketenschild vorbereitet und die amerikanische Uminterpretation des Völkerrechts allmählich als Gewohnheitsrecht erschien, gab es zu Beginn der 2000er Jahre doch einen Bereich, der Anlass zur Hoffnung gab. Dies waren die deutsch-russischen Beziehungen, die unter Gerhard Schröder den Weg zum Frieden, statt den zur Eskalation eingeschlagen hatten – die nur leider nicht in eine *europäische* Strategie eingebettet waren. Schröder hat sich nie besonders für Europa interessiert.

Doch zwischen Deutschen und Russen standen unter Rot-Grün die Zeichen auf Versöhnung. Man wollte raus aus der schrecklichen Erinnerung an die fast 100-jährige

Konfrontation zwischen Deutschland und Russland, die vom Ersten über den Zweiten Weltkrieg bis zum Kalten Krieg reichte und Millionen Todesopfer gefordert hatte. Unter Schröder wurde dieser Wunsch nun offizielle Politik. Die beiden Volkswirtschaften verschränkten sich immer mehr, die Ostsee-Pipeline wurde geplant und schließlich gebaut, die anderen Europäer schauten neidisch zu und hielten doch den Mund. Die Polen aber kochten vor Wut: Deutschland kungelt mit Russland an Polen vorbei, das ließ ungute Erinnerungen aufsteigen. Das sogenannte Weimarer Dreieck, gegründet 1992 noch von Genscher-Dumas-Geremek, in dem sich Berlin, Warschau und Paris besonders eng in Europa abstimmen wollten, mutierte zur politischen Fassade.

Stattdessen wurde der deutsch-russische Petersburger Dialog gegründet und entwickelte sich anfangs mit großem Erfolg. Die deutsche Industrie, vor allem der Mittelstand, war begeistert; der kulturell-historische Resonanzraum zwischen Russland und Deutschland war ohnehin groß: Adelsverbindungen, Wolga-Deutsche, Katharina die Große – die gemeinsamen Erinnerungsorte erblühten. Das Deutsch-Russische Forum wurde neben dem Petersburger Dialog, der zweiten Deutsch-Russischen Organisation, immer wichtiger. Es begann sogar eine wirtschaftliche Absetzbewegung von den USA, während zugleich das Russlandgeschäft Wachstumsraten von mehr als 20 Prozent aufwies. Gleichzeitig, es wurde schon erwähnt, sanken die Sympathiewerte für die USA in der deutschen Bevölkerung und die für Russland stiegen an.

Das musste den USA missfallen. Doch wie die neue Verständigung mit Russland unterbinden, ohne dass es auffällt? Die Einmischung in die europäische Politik musste möglichst unauffällig erfolgen. Der beste Weg, dies zu tun, ist Pressearbeit, deren Ziel die systematische Stigmatisierung beziehungsweise Diffamierung eines Landes ist. Die USA schickten sich also an, einen Informationskrieg gegen Russland zu beginnen, und dabei kam Washington der Machtwechsel im Kanzleramt 2005 sehr gelegen.

Oberflächlich betrachtet, schien sich mit der neuen Regierung unter Angela Merkel nicht viel zu verändern. Die wirtschaftlichen Beziehungen zwischen Deutschland und Russland entwickelten sich weiter mit rasanter Geschwindigkeit. Gerade unter Merkel profitierte Deutschland enorm vom Zugang zu russischem Gas und anderen Ressourcen aus Sibirien – sehr zum Ärger anderer Europäer, egal ob Franzosen, Italiener oder Polen. Merkel hat damals nicht, wie ihr heute vorgeworfen wird, die *deutsche Abhängigkeit von Russland* ausgebaut, sondern den *ökonomischen Vorteil.* Ein Großteil des Wirtschaftswachstums in der Kanzlerschaft Merkels basierte auf billigem russischen Gas. Doch was sich mit dem Amtsantritt Angela Merkels sehr schnell geändert hat, ist die Berichterstattung über Russland in der deutschen Presse. Diese drehte mit einem Mal, etwa ab 2007, ins Negative, was über eine detaillierte Presseauswertung festgestellt und ziemlich genau datiert werden kann.

Die Darstellung Russlands in der deutschen und westlichen Presse wandelte sich innerhalb kurzer Zeit auffällig und grundlegend. Dies zeigt ein kurzer Blick auf die Überschriften, die in den Monaten vor den russischen Präsidentschaftswahlen 2007 in der deutschen Presse zu lesen waren. Hier eine Auswahl: »Der ›lupenreine Demokrat‹ und seine russische Zuchtanstalt«[36] *(Stern),* »Putin plustert sich auf«[37] *(taz),* »Wladimir Putin raubt Russland die Freiheit«[38] *(Welt),* »Russlands Neonazis: schon Kinder heben die Hand zum Hitler-Gruß«[39] *(Spiegel).* Auf einmal erschienen Artikel, die Russland in die Nähe zur einstigen Sowjetunion rückten. So unterstellte die *Süddeutsche Zeitung* Putin ein Geschichtsbild, das »Nein zu Jelzin [und] Ja zu Stalin«[40] sage. Dass der russische Präsident einige Monate vorher eine Gedenkstätte für Stalin-Opfer besucht und dabei den stalinistischen Terror als eine »Tragödie für Russland« bezeichnet hatte,[41] wurde dagegen von der *SZ* nicht berichtet.

Informationskriegsführung und Propaganda

Informationskriegsführung muss man sich wie negative Werbung vorstellen. In der Produktwerbung ist es verboten, ein Konkurrenzprodukt abzuwerten. Doch wenn Militärs diese Technik einsetzen, ist sie erlaubt. Die klassische Werbung fragt nach der Zielgruppe. Bei der Einführung eines neuen Produkts werden Studien über die Konsumgewohnheiten, die Bedürfnisse, Erwartungen und Ängste der Zielgruppe erstellt. Ist die Zielgruppe eine bestimmte Generation, werden sogar Kindheits- und Jugenderinnerungen berücksichtigt. Bei der Entwicklung eines Markennamens wird darauf geachtet, welche Assoziationen dieser wachruft. Jeder Begriff, der in einer Werbesendung fällt, ist genau kalkuliert. Die in einem Werbeclip auftretenden Personen und die abgebildete Umgebung sollen die Zielgruppe möglichst auf unbewusster Ebene ansprechen.

Die gleichen Techniken werden auch in Informationskriegen eingesetzt, mit dem Unterschied, dass kein positives Produkt, sondern ein negatives Bild von einem »gegnerischen« Land vermittelt werden soll. Dass die USA seit Jahrzehnten einen Informationskrieg gegen Russland geführt haben und führen, kann man sehr leicht an einer Vielzahl an Artikeln zeigen. Obama hat sich dessen später sogar gerühmt: »Our ability to shape the world opinion helped isolate Russia right away« (unsere Fähigkeit, die weltweite öffentliche Meinung zu formen, hat geholfen, Russland völlig zu isolieren).[42]

Nun mag man einwenden, dass sicher nicht nur die USA, sondern auch andere Länder wie Russland und China Informationskriege führen. Das klingt zunächst plausibel, allerdings stehen Russland außer *Sputnik News* und *Russia Today* dafür kaum Instrumente zur Verfügung. Während die westliche Welt über Duzende von Nachrichtenagenturen und Hunderte von Medien mit globaler Reichweite verfügen und damit sogar noch das Agenda Setting (also die Themenauswahl) in der Dritten Welt beeinflussen kann, besitzen die meisten Schwellenländer nur einen einzigen internationalen Sender. Zu einer offensiven Informationskriegsführung sind daher in der heutigen Welt nur die USA und ansatzweise einige ihrer Verbündeten in der Lage: Die USA haben in Sachen Informationskrieg gleichsam die Lufthoheit, während die Russen bestenfalls mit der Flak schießen können.

Über Russland gibt es seit nunmehr rund 15 Jahren praktisch keine positiven Nachrichten mehr in der deutschen Presse. Mal wird es als ein starkes Land dargestellt, dessen Armee in Kürze vor München stehen könnte, dann wieder als ein sehr schwaches Land, dessen Wirtschaft nur die Größe der niederländischen Volkswirtschaft haben soll. Zudem wird Russland als Wiedergänger der Sowjetunion und zugleich als »Zwillingsbruder« des Dritten Reiches beschrieben. Hitler-Putin-Vergleiche sind in jüngster Zeit wieder sehr inflationär verwendet worden. Das Ignorieren der Unterschiede zwischen Sozialismus und Faschismus war ein häufig verwendetes ideologisches Mittel in der Zeit des Kalten Krieges. Seinerzeit diente die Totalitarismus-These dazu, Faschismus und Sozialismus einander gleichzustellen.[43] Je mehr der Faschismus als ein Bruder des Sozialismus beschrieben wurde, desto mehr wurde der Liberalismus von seiner durchaus realen Mitverantwortung an der Entstehung des Faschismus freigesprochen.[44] In der heutigen Russlandberichterstattung finden sich ständig Anlehnungen an die Totalitarismus-Theorie. Dass Russland inzwischen ein kapitalistisches Land ist, erhebt die Gleichsetzung vollends zur Idiotie.

Dass dieser Informationskrieg in den Köpfen der Menschen funktionieren kann, hängt mit den fehlenden Austauschprogrammen zusammen. Reisen bildet, sagte schon Goethe. Wer nicht selbst reist und Dinge mithin aus eigener Anschauung heraus beurteilen kann, ist von medialer Berichterstattung abhängig. Während die transatlantischen Beziehungen von einem überaus engmaschigen Netzwerk aus Stiftungen, Studienprogrammen, NGOs und politischen Netzwerken getragen werden,[45] was dazu führt, dass zumindest die gesellschaftlichen, wirtschaftlichen und politischen Eliten Europas, die obendrein alle englisch sprechen, mindestens einmal, wenn nicht mehrfach in den USA waren und dort Bindungen haben, waren nur wenige

Westeuropäer je in Russland oder sprechen russisch. Russland verfügt zudem nicht über derartige Netzwerke. Die Vorstellungen der meisten Menschen über Russland entstammen zu einem nicht geringen Teil angelsächsischen Filmen über den Kalten Krieg wie etwa den James-Bond-Filmen. Fast alles, was Russen in James Bond Filmen tun, wird ihnen in westlichen Zeitungen auch tatsächlich zur Last gelegt. Russland wird als ein Land beschrieben, das gerne seine Gegner vergiftet, Flugzeuge abschießt und neben Auftragsmorden auch Staatsdoping durchführt sowie westliche Wahlen manipuliere.[46]

Indes wurden die meisten der Russland zur Last gelegten Verbrechen, von den Vergiftungen der Skripals,[47] von Alexei Nawalny[48], Dopingvorwürfen über die Fälschung der US-Wahlen bis bis hin zum Abschuss von MH17[49] immer nur unvollständig erzählt. Würde man die empirischen Details zu jedem Fall einzeln und vorurteilsfrei auf sich wirken lassen, so wäre es in den meisten Fällen kaum noch möglich, Russland so eindeutig für schuldig zu erklären. Mehr noch: Bestünde im Westen auch nur der Hauch von einer Ahnung, wie einseitig all diese Geschichten erzählt wurden – beziehungsweise wie sie von interessierter Seite *geframed* wurden –, so wären es wahrscheinlich der Westen und seine Medien, die sich zu rechtfertigen hätten.

Damit ist nicht gesagt, dass es an Russland nichts zu kritisieren gäbe. Doch das, was es zu kritisieren gibt, steht meist nicht in westlichen Zeitungen, in denen ausschließlich die Probleme bei der Behandlung von Oppositionellen und bzgl. der Pressefreiheit thematisiert werden. So ist die russische Wirtschaftspolitik zu liberal ausgerichtet, was über die Jahre zu steigender sozialer Ungleichheit geführt hat, weit größer als in den meisten EU-Staaten. Auch entspricht die Situation in den russischen Gefängnissen nicht den europäischen Standards, was dazu führt, dass viele Häftlinge nach ihrer Entlassung erneut straffällig werden. Schließlich sind die Renten viel zu niedrig und reichen oft zum Leben nicht. Doch von der linken, sozial orientierten russischen Opposition, die diese Themen behandelt, möchte man im Westen nichts wissen. Stattdessen unterstützt man rechtsliberale Politiker wie Nawalny, der bereits mit zahlreichen rassistischen Äußerungen aufgefallen ist.[50] Wie weit sich das heutige Bild von Russland vom realen Russland entfernt hat, wird deutlich, wenn voreingenommene Personen nach Moskau reisen. Hier eine kurze Anekdote aus eigenem Erleben 2018: Eine britische Journalistin drückte auf der Fahrt zu einem Konferenzort in Moskau immer ihre Nase an die Scheibe des Busses mit den Worten: »*My god, I can't belief how it looks here.*« (Mein Gott, ich kann nicht glauben, wie es hier aussieht.) Sie hatte sich Russland vor ihrer Reise als eine Mischung aus Drittem Reich und Nordkorea vorgestellt und war nun vollkommen überrascht angesichts eines freiheitlichen und liberalen Straßenlebens, das es mit jeder westlichen Großstadt spielend aufnimmt. Informationskriege wirken!

Das wesentliche Ziel der Informationskriegsführung gegen Russland ist es, eine – über die Jahrhunderte betrachtet – historische Anomalie, nämlich die Präsenz der Amerikaner in Europa, zur Norm zu erheben. Die nunmehr 70 Jahre andauernde kulturelle und politische Hegemonie der USA über Europa ist, an historischen Maßstäben gemessen, sehr kurz. Zuvor war der europäische Kontinent über Jahrhunderte hinweg nach Osten hin orientiert, der

Rocksaum *der* Europa wehte weit geöffnet über dem Osten des Kontinentes. Diese geographische Ausrichtung war im Grunde genommen natürlich für eine Halbinsel, deren Rohstoffe und Märkte zum großen Teil im Osten liegen.

Zur Erinnerung: Von Peter dem Großen bis zum Ende der Kanzlerschaft Bismarcks gab es eine deutsch-russische Allianz.[51] Damals sind Hunderttausende Deutsche nach Russland ausgewandert, haben dort Handelsbeziehungen geknüpft und dünn besiedelte Landstriche urbar gemacht. Dreimal waren Deutsche in Russland Kanzler, einmal in Gestalt Katherina der Großen sogar Zarin und fast in jeder russischen Regierung waren Deutsche als Minister vertreten. Es waren Deutsche, die die Akademie der Wissenschaften in Russland aufgebaut haben und neue Technologien und Handwerkstechniken nach Russland einführten, weshalb noch heute mehrere 100 deutsche Worte, von Marschroute, Maßstab bis Perückmacher (Friseur), in der russischen Sprache ihren Niederschlag gefunden haben. Es waren Deutsche, die die neu gegründete russische Hauptstadt Sankt Petersburg mit aufgebaut haben, die deshalb auch einen deutschen Namen trägt. Es waren umgekehrt die Russen, die ihre adeligen Töchter nach Deutschland verheirateten und in den vielen kleinen Ländern und Königreichen des Heiligen Römischen Reiches Deutscher Nation ständig präsent waren.

Die Hinwendung Europas zu seinem östlichen Grenzland stellt also die historische Norm[52] da, verglichen mit der rund 70-jährigen Präsenz der USA in Europa, die eine Ausnahme der Geschichte ist. Würde man die historische Entwicklung *longue durée*, also über lange Zeiträume hinweg, sich selbst überlassen, so würde sich über kurz oder lang diese Jahrhunderte durchziehende Prägung erneut durchsetzen. Der Informationskrieg, den die USA gegen Russland führen, hat also vor allem den Zweck, die Europäer ihre Geschichte vergessen zu lassen, damit die historische Anomalie als neue Norm – und geradezu als *alternativlose Notwendigkeit* – empfunden werden kann.

Teil III: Europa, du Schöne, wo bist du?

»Die Bundesregierung betrachtet den Frieden
als das höchste Gut.
Wir sind uns sicher darin einig,
daß von deutschem Boden
kein Krieg mehr ausgehen darf.«
Willy Brandt [1]

Down Hill: Der europäische Abstieg beginnt

Nachdem Russland seit Jahren schlechtgeredet worden war, die diplomatischen Spannungen beständig zunahmen und Russland nicht zuletzt auch deshalb in seinen demokratischen Reformbemühungen nachließ; und nachdem aus den europäischen Projekten einer politischen Union und der kooperativen Friedensordnung schon längst die Luft raus war, begann in der zweiten Dekade des 21. Jahrhundert mit der Bankenkrise als Auslöser merkbar der endgültige europäische Abstieg. Europa schlitterte wie in einer Seifenkiste seinem Schicksal der politischen Ohnmacht und des Platzens seines *politischen Projekts* entgegen. Gleichzeitig verhärteten sich die politischen Beziehungen zu Moskau, weil der Westen wiederum auf die langsame Entliberalisierung Russlands reagiert.

Die Bankenkrise als Auslöser

Seit 2007/ 2008 schon war die toxische Brühe einer amerikanischen Real-Estate-Krise über den Atlantik geschwappt, und zwar in Form von überbewerteten Immobilien, viele davon gekauft von deutschen Landesbanken, die deswegen zum Teil in die Insolvenz gingen oder staatlicherseits gerettet werden mussten, woran die Griechen definitiv nicht schuld waren. Durch den Begriff der »PIIGS«, also Schweine – damit gemeint waren die Portugiesen, die Italiener, aber auch die Iren, Griechenland und Spanien – wurde der europäische Süden diskreditiert und stigmatisiert. Staaten wurden für Banken verantwortlich gemacht, aus der Bankenkrise wurde eine Eurokrise. Die europäischen Staaten ließen sich von Finanzmärkten und Rating-Agenturen mit ihren *Interest Rates Spreads,* also den Zinsdifferenzen auf Staatsanleihen treiben, wie Kinder früher mit einer Schnur einen Kreisel vor sich hertrieben.

Es war nicht nur ein Moment, der jedem Europäer die Schamesröte ins Gesicht treiben musste angesichts des Verlusts an Zivilität im Umgang miteinander: Es gab wieder Comics mit Sprechblassen, in denen Wolfgang Schäuble, dem damaligen Finanzminister, über die Griechen Sätze in den Mund gelegt wurden wie etwa: *Wir werden wieder Seife aus eurer Asche machen.* Es war auch der vielleicht absurdeste Moment des modernen Kapitalismus, als die Party von *The Big Gatsby* von griechischen Hafenarbeitern und deutschen Lidl-Verkäuferinnen bezahlt wurde, indem mit Steuergeldern Banken gerettet und die Fehler den Griechen untergejubelt wurden.[2] Es war reine Psychologie, die mit ökonomischen Basisdaten wenig zu tun hatte,[3] zeigte aber, wie schnell sich die europäischen Staaten wieder national auseinanderdividieren ließen. Einige brachten Eurobonds ins Spiel,[4] die sofort wieder verworfen wurden, die dem unwürdigen Spektakel aber sofort Einhalt geboten hätten. *It's politics, stupid*!

Selten hat Europa so darunter gelitten, keine einheitliche Politik zu haben. 2012 gab Mario Draghi den Märkten mit seinem legendären Ausspruch *Whatever it takes* eine Art Beruhigungspille, während das politische Europa auf der Strecke blieb: die GEMU[5], also die Idee einer Genuinen Europäischen Finanzverfassung von 2012, genauso wie die Idee einer Europäischen Arbeitslosenversicherung, die noch vor den Europawahlen 2014 vom ungarischen Sozialkommissar Làszló Andor in den Europäischen Rat eingebracht, aber unter anderem von Deutschland im EU-Rat abgelehnt wurde.

Ein institutionell dominantes Deutschland schaltete und waltete in Sachen Euro-Governance weitgehend allein.[6] Die anderen europäischen Länder haben sich die harte deutsche Hand gemerkt. Das deutsch-französische Tandem verkam zu einem deutschen Motorrad mit Soziussitz, auf dem die Franzosen Platz nehmen durften.[7] Die kleinen Länder, etwa Finnland oder Slowenien, spielten im institutionellen Gefüge der EU fortan keine Rolle mehr. Eine fundamentale Umsteuerung der Prinzipien der deutschen Europapolitik hatte stattgefunden. Schon 2010 hatte Angela Merkel in Brügge am Europakolleg eine bedeutende Rede gehalten, in der die einstige Gemeinschaftsmethode auf die sogenannte Unionsmethode umdefiniert wurde. Unionsmethode hieß *cum grano salis*, Frankreich und die kleinen Länder sind egal, Deutschland entscheidet in der EU allein und der EU-Kommissionspräsident (in jenen Jahren José Manuel Barroso) sucht im Europäischen Rat dafür die entsprechenden Mehrheiten. In diesem vergifteten politischen Umfeld musste der 50. Jahrestag des Élysée-Vertrags im Januar 2013 zum politischen Debakel werden, trotz pompösen Festaktes in der Berliner Philharmonie. Deutsche Interessen waren nicht mehr kongruent mit europäischen, die deutsche Dominanz stieß in der EU unangenehm auf, was zwei Cover des *Spiegel* im Jahr 2015 aufgriffen, einmal »German Übermacht«, auf dem man Angela Merkel vor der Akropolis sieht, umgeben von schattenhaften Wehrmachtssoldaten, und ein paar Wochen später »Das Beben«, auf dem der Eiffelturm, das römische Kolosseum und der Big Ben unter eben dieser Übermacht einstürzen. Die beiden Ex-Kanzler Helmut Schmidt und Helmut Kohl fürchteten um Europa.[8]

In der Folge schlugen alle europäischen Versäumnisse durch, die sich bereits in der ersten Dekade aufgebaut hatten: Es begannen Austerität und soziale Krise, die Spaltung Europas in Nord und Süd. Darauf folgte die Entfremdung die europäischen Bürger von der EU. Dazu addierte sich durch die Flüchtlingskrise von 2015 die politische Spaltung Europas in Ost und West.[9] Der Aufstieg der Populisten begann. Marine Le Pen verbuchte bei den Präsidentschaftswahlen 2012 einen Zuwachs von 15 Prozentpunkten. Im Oktober 2015 gewann die *PiS* in Polen. Viktor Orbán, in der ersten Dekade der 2000er Jahre noch Vorzeige-Europäer, hatte seinen *populist turn* schon längst hinter sich,[10] die *FPÖ* saß in Österreich fest im Sattel. 2016 traten die Briten nach der Mobilmachung der *United Kingdom Independance Party* (*UKIP*) aus der EU aus: Das souveränistische Europa feierte fröhliche Urständ, die EU schaute zu und fast alle Politiker duckten sich weg. Die EU als politisches Projekt verteidigen wollte keiner mehr.

Deutschland konnte oder wollte seine in Europa zumeist durch Lohndumping erwirtschafteten Handelsüberschüsse nicht in einen europäischen Zusammenhang stellen. Zugleich füllte Deutschland durch die Negativzinsen auf seine Staatsanleihen noch während der Bankenkrise sein Staatssäckel,[11] während die deutsche Boulevard-Presse – und nicht nur die – mit Schaum vor dem Mund verkündete: *Keine Transferunion!*

Stattdessen frönte Deutschland seiner neuen Liebe, dem Export nach China, der von 2009 bis 2011 von 37,3 Milliarden auf 64,9 Milliarden Euro anstieg und den bis dato höchsten Wert erreichte. Die BRICs – Brasilien, Russland, Indien und China – waren *in*. Bankenkrise, das deutsche Ausbüchsen aus dem EU-Binnenmarkt hin zu den BRIC-Staaten sowie die geostrategischen Absichten der USA mit Blick auf die Ukraine müssen in den Jahren 2012 bis 2014 zusammengedacht werden. Denn mit den BRICs wurde und wird das *German Trade Surplus*, also jener deutsche Handelsüberschuss erwirtschaftet, der den USA zunehmend ein Dorn im Auge war. Für diesen Handelsüberschuss war das billige russische Gas die Grundvoraussetzung, BRICs-Land China war mit seinem riesigen Markt ein Eldorado für rund 600 *Hidden German Champions* – deutsche mittelständische Firmen, deren Namen keiner kennt, die im Bereich Maschinenbau oder Technologie aber jene *High-end*-Nischenprodukte haben, von denen China ganz viele brauchte.

Deutschland als Scharnier

Deutschland war, wie alle amerikanischen geostrategischen Texte immer wieder betonen, das Scharnier-Land, um das es ging. Deutschland hatte inzwischen in fast allen Politikfeldern der EU – etwa Eurogovernance oder Flüchtlingspolitik – eine nahezu hegemoniale Stellung mit Blick auf die Institutionen und gleichzeitig die besten und wichtigsten Beziehungen zu Russland. Aber als Scharnier zwischen der EU und Russland war es überfordert. Zwar wollte Deutschland ab 2012 in der Außenpolitik mehr europäische und internationale Verantwortung zeigen, die inzwischen europaweit eingeklagt wurde. So beklagte zum Beispiel der polnische Außenminister Radek Sikorski in einer Rede in Berlin im November 2012, nachdem sich Deutschland 2011 wider Erwarten bei der Abstimmung im Sicherheitsrat zu Libyen enthalten hatte, wofür es stark kritisiert worden war: »Deutsche Macht fürchte ich heute weniger als deutsche Untätigkeit.«[12] Für diese neue deutsche Verantwortung in der Welt wurde auf der Münchner Sicherheitskonferenz 2012 und 2013 in den Reden von Joachim Gauck und Angela Merkel fleißig geworben. Erstmalig wurde an einer Deutschen Nationalen Sicherheitsstrategie gearbeitet, die dann zwar nicht veröffentlicht wurde, die aber immerhin die europäische Sicherheitsstrategie, die 2014 nach zehn Jahren neu geschrieben werden sollte, konterkarierte.

Es waren die Jahre des *Germany goes global alone:*[13] Europa war nicht mehr, Russland noch nicht Anker deutscher Politik und durfte in amerikanischen Augen auch keiner werden. Aber Deutschland versäumte vor allem, seine

Russland-Politik (etwa die Pipeline *Nord Stream 1*) zu *europäisieren*. Damit war das deutsche Scharnier überdehnt. Es riss zeitgleich aus seiner europäischen wie aus seiner russischen Verankerung. Ob sich Deutschland Russland zuwendet oder an Europa arbeitet – und vor allem: wie es als Scharnier möglichst beides zugleich tun kann –, ist seit mindestens zwei Jahrhunderten die zentrale Frage europäischer Geostrategie. Eine Gelegenheit, beides miteinander zu verschrauben, wurde 2014 verpasst.

Die Bankenkrise hätte für Deutschland der Moment sein können, sein Versprechen, dass deutsche und europäische Einigung zusammengehören, einzulösen, zum Beispiel durch eine konsequente Umsetzung einer Fiskal- und politischen Union. Und gleichzeitig zu dieser Vollendung einer politischen Union hätte Deutschland ganz Europa mit seinem Gewicht in eine kooperative kontinentale Friedensordnung führen können, die Partnerschaft mit Russland und den BRICs ausbauen und so seine beiden Ziele von 1989 verwirklichen können. Doch diesen Stresstest hat Deutschland nicht bestanden, vielleicht auch nicht bestehen können, denn die USA hatten das Ihre getan, genau das zu verhindern, beziehungsweise sollten es ab 2014 forciert tun.

Der Traum einer kontinentalen Friedensordnung war von amerikanischer Seite aus spätestens mit Putins Rede in München 2007 ausgeträumt. *Nord Stream* und der BRIC-Hype kamen zu spät, um wirtschaftlich zu reparieren, was strategisch schon kaputt war. Zudem kippte der Diskurs über das politische Europa nach der Banken- und der Flüchtlingskrise wie ein See, der zu wenig Sauerstoff hat. Derweil betrieben die USA ungerührt ihre Strategie der

Abspaltung Europas von Russland weiter, in der die Ukraine ab dem Maidan 2014 das Herzstück werden sollte.

Kulturelle Hegemonie und umgekehrter Totalitarismus

In einer kooperativen, partnerschaftlichen Ordnung, wie sie 1989 angestrebt wurde, wäre es zu diesem Zeitpunkt wichtig und vielleicht sogar noch möglich gewesen, zu einer gemeinsamen Neukonzeption eines Zivilisations- und Wirtschaftsmodells zu gelangen und auf Russland zuzugehen. Denn auch das westliche Zivilisationsmodell weist immer mehr Defizite auf: Erschöpfte Gesellschaften, soziale Unruhen, als Reaktion darauf Populismus und Nationalismus, die zunehmende Vermischung von Demokratie und Demokratur, autoritäre Züge auch im Westen – zuletzt zu sehen an der Corona-Maßnahmen-Politik –, Verarmung und Refeudalisierung, Einschränkung von Meinungspluralismus, kulturelle Regression, das alles vor dem Hintergrund einer ökologischen Katastrophe und Ressourcenverknappung, die der westliche Turbo-Kapitalismus zu verantworten hat, sind Probleme westlicher Gesellschaften, die deshalb kein »siegreiches« Ende der Geschichte für ihre einst liberalen Demokratien beanspruchen können.

Während die USA und Europa zunehmend in einen *umgekehrten Totalitarismus* (Sheldon Wolin)[14] gleiten, in dem das System zwar formal demokratisch bleibt, aber zum Beispiel über eine freiwillige Gleichschaltung der Medien die Meinungskorridore eingeengt oder über (kapitalgesteuerte) Gesetzesänderungen der Grundrechtsbestand entkernt werden, ist Russland mehr oder weniger offen autoritär. Die These des *umgekehrten Totalitarismus* ist, dass die autoritären Prozesse im Westen nur *in disguise*, also sublimierter passieren. Angesichts dieser Situation wäre es wichtig gewesen, dass es zu einer offenen und gleichberechtigten Diskussion zwischen Intellektuellen aus den USA, der EU und der Russischen Föderation über das Zivilisationsmodell des 21. Jahrhunderts gekommen wäre. Mit einem solchen Diskussionsangebot hätte man in Russland offene Türen eingerannt. Doch stattdessen entschieden sich die westlichen Eliten dafür, an einem veralteten Zivilisationsmodell festzuhalten, das vor einem halben Jahrhundert im Westen im Kalten Krieg entstanden ist.

Die Zerstörung der europäischen Sozialdemokratie

Denn während der Zeit des Kalten Krieges hat der Westen die universalen Werte der europäischen Aufklärung – *égalité, liberté, fraternité* – gegen die partikularen und manipulativen Werte der Postmoderne vertauscht. Diese hegemoniale amerikanische Kulturpolitik verfolgte das Ziel, den erkenntnistheoretischen Boden des Marxismus zu zersetzen. Es lässt sich *en détail* nachzeichnen, wie bereits in den 1950er und 60er Jahren durch das Wirken des »Kongresses für kulturelle Freiheit« sowohl der öffentliche Diskurs als auch die Debatten an Universitäten signifikant beeinflusst wurden.[15] Das kulturelle Erbe Europas, nämlich die Weitergabe des Wissens um die intellektuellen Grundlagen des europäischen Geistes- und Ideengeschichte an die jüngere

Generation[16] – also politische Ideen wie Republik, *res publica,* Gemeinwohl, Sozialdemokratie, Sozialismus oder gar Kommunismus – ist durch die vorgenommenen semantischen Umdeutungen (zuletzt: Solidarität ist »Impfen«) massiv gestört worden.[17]

Zunächst stirbt zu Beginn der 1980er Jahre vor allem in Südeuropa der Eurokommunismus.[18] Der Aufstieg des *Front National* in Frankreich begann exakt mit dem politischen Ende des *Parti Communiste Francais* 1983. Es begann in den 1990er Jahren die Schwindsucht der europäischen Sozialdemokratie, wohin man in Europa blickte, mit der interessanten Ausnahme von Portugal heute. Um die Jahrtausendwende begann unter dem intellektuellen Einfluss von Anthony Giddens und Ralf Dahrendorf, politisch aufgegriffen von Tony Blair und Gerhard Schröder, die Umdeutung von Sozialdemokratie in einen *Dritten Weg,* der am Ende aber nur einen Billiglohnsektor und eine zunehmende soziale Ungleichheit in ganz Europa hervorbrachte, die zum Nährboden des europäischen Populismus wurde.[19] Dieses, das originär europäische Konzept von Wirtschafts- und Sozialordnung zersetzende, neoliberale Gedankengut kam über den Ärmelkanal auf das europäische Festland, da die Briten immer schon ein amerikanisches Einfallstor in die EU und nie Europäer im föderalen Sinn waren. Die *Dritte-Weg*-Rhetorik hing massiv über dem europäischen Kontinent, als 2003 über die Europäische Verfassung gestritten wurde, weswegen der Europäische Verfassungsvertrag als weiterer Schritt in die Neoliberalisierung der EU gedeutet werden kann und wird,[20] und es 2003 wieder einmal nicht gelang, eine europäische soziale Säule in den Verträgen zu verankern.[21]

Fragt man Studierende heute, was Sozialismus ist, dann reagieren viele geradezu verschreckt und bekommen kein Wort über die Lippen, so sehr ist es gelungen, den Begriff negativ zu konnotieren. Doch ohne die glorreiche Geschichte der europäischen Sozialdemokratie ist die Geschichte der europäischen Integration nicht zu verstehen. Ohne die antifaschistischen (und zumeist kommunistischen) italienischen Partisanen gäbe es kein europäisches Manifest von Ventotene,[22] das der später berühmt gewordene italienische Föderalist Altiero Spinelli 1941 geschrieben hat und das bis in die 1980 Jahre über den sogenannten Crocodile-Club den Prozess der föderalen europäischen Integration im Europäischen Parlament intellektuell beeinflusst hat. Allein der Begriff *Dritter Weg* ist eine perfide kulturelle Aneignung dessen, was Spinelli und die europäischen Antifaschisten in den 1940er Jahren vor Augen hatten, zwar auch einen *terzo via*, aber einen zwischen den USA und Russland, ein bürgerbasiertes und letztlich antikapitalistisches, republikanisches Europa, in dem die *liberté* immer zusammen mit *égalité* und *fraternité* gedacht wird – die Freiheit also nie alleine steht, sondern immer durch Gleichheit und Brüderlichkeit gebrochen ist.[23] Im Manifest von Ventotene ist Russland beziehungsweise sind die Russen ausdrücklich miteinbezogen, ihre Verfasser hatten die Karte der Europa von 1534 wohl noch vor Augen.

Herzstück Ukraine

Zur Vorgeschichte des Maidan ist wichtig: Die 2004 durch die Orangene Revolution – eine von Washington organisierte Farbenrevolution – in Kiew an die Macht gebrachte proamerikanische Regierung zerfiel schon 2010. Präsident Wiktor Juschtschenko und die Ministerpräsidentin Julia Timoschenko, beide von unterschiedlichen Oligarchen gefördert, hatten sich heillos zerstritten. Die Bevölkerung war desillusioniert von den Versprechen der prowestlichen Politiker. Denn im Zuge der Annährung an EU und NATO waren die Energiepreise enorm angestiegen und das Wirtschaftswachstum war dramatisch gefallen.[24] Im Februar 2010 zogen die ukrainischen Wähler daraus die Konsequenzen und Wiktor Janukowytsch, dessen Amtsantritt durch die Farbenrevolution 2004 verhindert worden war, wurde Präsident. Seine Partei strebte zwar keine Allianz mit Russland, aber doch zumindest eine Äquidistanz zwischen Russland und der Europäischen Union an. Brzeziński hatte bereits in seinem einflussreichen Buch *Die einzige Weltmacht* »das Jahrzehnt zwischen 2005 bis 2015 als Zeitrahmen für eine sukzessive Eingliederung der Ukraine [in westliche Strukturen] ins Auge gefasst.«[25] Doch die zweite Hälfte dieses Jahrzehnts hatte 2010 mit dem Regierungsantritt Janukowytsch, begonnen, ohne dass sich eine proamerikanische Regierung in Kiew an der Macht befand.

Ab 2013 bemühte sich die EU sehr darum, mit der Ukraine ein Assoziierungsabkommen abzuschließen, dass das Land wirtschaftlich, rechtlich und sicherheitspolitisch auf die EU und den Westen ausrichten sollte. Das Abkommen schloss eine Freihandelszone zwischen der EU und der Ukraine ein, eine fragwürdige Idee, denn die Wirtschaft der EU hat ein höheres Entwicklungsniveau als die ukrainische, weshalb ein Freihandelsabkommen dazu führt, dass billige EU-Waren teurere ukrainische Waren ersetzen. Die Deindustrialisierung und Verarmung der Ukraine war in diesem Abkommen eigentlich bereits angelegt. Jedoch war die Ukraine bereits Teil einer Freihandelszone im Rahmen der Gemeinschaft Unabhängiger Staaten (GUS). Diese Freihandelszone mit Russland und anderen Ex-Sowjetrepubliken war für die Ukraine eigentlich profitabler, da die russische und ukrainische Wirtschaft noch aus Sowjetzeiten miteinander verschränkt waren. Zudem war Moskau ein zuverlässiger Abnehmer ukrainischer Technologieprodukte im Bereich der Luftfahrtindustrie, des Raketenbaus und anderer Bereiche, wohingegen die EU eher an den Rohstoffen der Ukraine interessiert war.

Wäre die Ukraine Mitglied beider Freihandelszonen geworden, hätten EU-Waren ohne Zölle direkt den Markt der GUS erreichen können. Das wiederum hätte für die russische Wirtschaft eine enorme Belastung dargestellt. Moskau versuchte, mit der EU den Interessenskonflikt zu verhandeln. Doch der damalige Präsident der Europäischen Kommission, Barroso, lässt Moskau wissen, dass die Beziehungen Brüssels zur Ukraine Moskau nichts angehen.[26] Schließlich teilt Moskau Kiew mit, dass man im Falle der Unterzeichnung des europäischen Assoziierungsabkommens das gemeinsame Freihandelsabkommen Russlands mit der Ukraine auflösen müsse. Dies wiederum hätte für die Ukraine bedeutet, ihren Absatzmarkt für Technologieprodukte zu verlieren. Unter diesem Druck entschied sich Janukowytsch dafür, das Assoziierungsabkommen vorerst nicht zu unterschreiben, woraufhin die proeuropäische Jugend in Kiew anfing, auf dem Maidan, dem größten Platz Kiews, zu demonstrieren.

Auch EU-Repräsentanten wussten um das fragile, wenn nicht gefährliche Spiel des Assoziierungsabkommens, das die Ukraine tendenziell politisch wie wirtschaftlich zu zerreißen drohte. Im entscheidenden EU-Rat im März 2014 kam die Frage auf, *Wissen wir, was Russland tun wird?* Doch vor allem die beiden Anwärter auf die Nachfolge des Hohen Repräsentanten für Europäische Sicherheits- und Verteidigungspolitik nach den anstehenden Europawahlen 2014, der Pole Radek Sikorski und der Schwede Carl Bildt, beides Atlantiker, wollten sich darüber keine Gedanken machen.[27]

Die zweite Farbenrevolution in der Ukraine

Die Proteste wurden schnell instrumentalisiert. Westliche NGOs traten als Organisatoren der Proteste in Erscheinung, wobei auch größere[28] Geldsummen geflossen sind.[29] Die Demonstrationen verwandelten sich allmählich in eine Mischung aus Protest, Happening und Jahrmarkt und dauern über Wochen an. Ruslana, Eurovion Song Contest Preisträgerin von 2004, die »ukrainische Königin der Nacht«, sang jeden Abend die Nationalhymne. Schließlich erschienen auch westliche Politiker wie Victoria Nuland (Abteilungsleiterin im US-Außenministerium), Guido Westerwelle (deutscher Außenminister), Marieluise Beck (MdB und Sprecherin der Grünen für Osteuropapolitik), John McCain (US-Senator), Catherine Ashton (Außenbeauftragte der EU) auf dem Maidan. Indem sie die Demonstranten anfeuerten, sendeten sie ein Signal westlicher Beteiligung an den Unruhen im Land. Man stelle sich vor, der russische Außenminister Sergei Lawrow würde auf dem *Place de la Concorde* in Paris die Proteste der Gelbwesten anfeuern. Schnell würden westlichen Medien die Demonstranten als russische Agenten oder *fünfte Kolonne Moskaus* darstellen. Doch in Kiew ertrug die Regierung Janukowytsch diese Form der Einmischung, die sich über Wochen hinzog und die just zu dem Zeitpunkt kulminierte, als in Sotschi die olympischen Spiele ausgetragen wurden.

Ab Mitte Februar eskalierte die Situation. Es fielen Schüsse, denen sowohl Demonstranten als auch einige Polizisten zum Opfer fielen. Anfangs wurden die Schüsse den ukrainischen Sicherheitskräften und damit letztlich Präsident Janukowytsch zur Last gelegt. Später erhärteten sich jedoch die Indizien dafür, dass die Schüsse von Scharfschützen ausgeführt wurden, die eine Eskalation der Proteste provozieren wollten.[30] So kann man an den Einschusslöchern in den Bäumen rekonstruieren,[31] aus welcher Richtung die Schüsse fielen, nämlich aus dem nahe gelegenen Hotel Ukraina, das von den Demonstranten selbst besetzt gewesen ist. Schließlich wurde ein inzwischen authentifiziertes Telefongespräch[32] zwischen Estlands Außenminister Urmas Paet und EU-Außenbeauftragten Catherine Ashton veröffentlicht.[33] Paet äußerte darin über die Schüsse auf dem Maidan: »*Es gibt ein größeres und größeres Verständnis davon, dass hinter den Scharfschützen, also es war nicht Janukowytsch, sondern es war jemand von der neuen Koalition.*« Ashton sagte daraufhin: »*Ich denke wir möchten das erforschen, ich meine, ich habe das nicht aufgenommen, das ist interessant. Donnerwetter.*« Später im Gespräch fügte der Außenminister noch ein weiteres Detail an: So berichtete er von einer Ärztin, die auf dem Maidan die Angeschossenen versorgte. Diese Ärztin habe ihm mitgeteilt, dass sowohl angeschossene Polizisten als auch angeschossene Demonstranten exakt die gleichen Schusswunden aufwiesen, alle Schusswunden bei Polizisten wie Demonstranten wiesen genau die gleiche Handschrift auf.[34] Zu der von Ashton angekündigten Untersuchung ist es jedoch nie gekommen. Im Rückblick betrachtet weisen die Proteste auf dem Maidan alle Merkmale einer »Farbenrevolution« auf. Die Schüsse waren eine Inszenierung, um der Welt den zweifellos korrupten Politiker Janukowytsch zudem noch als aggressiven Diktator vorzuführen, der auf seine eigenen Bürger schießen lässt. So sollte der darauffolgende Sturz wie ein Akt demokratischer Selbstverteidigung aussehen, während in Wirklichkeit vieles darauf hindeutet, dass auf dem Rücken wahllos erschossener Demonstranten und Polizisten die westliche Einflusszone vergrößert wurde. In der offiziellen Erzählung wird oft die »Flucht« Janukowytschs zur Legitimation des Machttransfers verwendet, obwohl dieser die Ukraine zunächst gar nicht verlassen hatte.

Europa und das Minsker Abkommen

In diesem Zusammenhang ist noch auf die Rolle Walter Steinmeiers einzugehen, der damals das Amt des deutschen Außenministers innehatte. Steinmeier hatte zusammen mit den Außenministern Frankreichs und Polens am 21. Februar erfolgreich eine »Vereinbarung über die Beilegung der Krise in der Ukraine« ausgehandelt, die wiederum einen geregelten Machttransfer vorsah. Das Abkommen gab Anlass zur Hoffnung, dass ein Bürgerkrieg in der Ukraine doch noch verhindert werden könnte. Zunächst sollte eine

Regierung der Nationalen Einheit geformt werden, die sowohl Teile der Regierung wie auch der Opposition beinhaltet hätte. Diese sollte erst die alte Verfassung in Kraft setzen, dann eine neue Verfassung ausarbeiten, während spätestens im Dezember 2014 Neuwahlen stattfinden sollten. Zwar wäre in diesem Verfahren die Opposition nicht unmittelbar an die Macht gekommen, doch dafür hätte das Abkommen den Vorteil gehabt, innerhalb des geltenden rechtlichen Rahmens der Ukraine vollzogen werden zu können. Die Staatlichkeit der Ukraine wäre daraus gestärkt hervorgegangen.

Umso erstaunlicher ist es, dass alle drei westlichen Außenminister schwiegen, als am nächsten Tag, dem 22. Februar, die Regierung stürzte. Erst am 31. März, also mehr als sechs Wochen nach den Ereignissen, haben sie in einer Erklärung an das eigene Abkommen erinnert. Durch das Schweigen wird sichtbar, dass auch Deutschland den als »Euro-Maidan« getarnten Putsch zumindest geschehen ließ. Trotz aller Differenzen waren sich Europäer und Amerikaner darin einig, dass die westliche Einflusszone zulasten Russlands ausgedehnt werden müsse, obwohl sie unterschiedliche Kandidaten unterstützten, nämlich die Europäer den zum Politiker mutierten Boxer Vitali Klitschko und die Amerikaner Arsenij Jazenjuk. Dies geht deutlich aus dem mitgeschnittenen und später veröffentlichten Telefongespräch zwischen dem US-Botschafter Geoffrey Pyatt und Victoria Nuland hervor, in dem Letztere auf Jazenjuk als Regierungschef besteht und die Europäer mit den Worten »Fuck the EU« beschimpft.[35] Damals, 2014, als der leitmediale Raum in Deutschland noch etwas kritischer war, hatte zum Beispiel »Die Anstalt« im ZDF mehrere Sendungen, in denen der Maidan offen als amerikanische Intervention demaskiert wurde.[36] Warum das heute im deutschen Fernsehen nicht mehr möglich ist, ist eine Frage, die die Zeitgenossenschaft beantworten müsste, aber offensichtlich nicht mehr diskutieren will.

Das Geschenk der Wiedervereinigung und die Teilung des russischen Kulturraums

Doch selbst wenn die Europäer nur widerwillige Helfershelfer des Euro-Maidan gewesen sein sollten, so ändert das nichts an der Tatsache, dass sie damit darauf hingewirkt haben, den russischen Kulturraum, zu dem unbestritten zumindest die Ost- und Südukraine[37] und Weißrussland gehören, zu spalten. Dies stellt besonders für Deutschland ein moralisches Problem dar.

Denn Deutschland verdankt seine Wiedervereinigung in erster Linie der Sowjetunion. Von allen vier Siegermächten war es vor allem die Sowjetunion, die 1989 die Möglichkeit einer deutschen Wiedervereinigung immer wieder ins Gespräch brachte. Frankreich und Großbritannien lehnten dieses Ansinnen zunächst rundheraus ab. Mitterrand reiste noch im März 1990 zu Egon Krenz in die DDR, auch Thatcher war sehr skeptisch: Beide fürchteten das große Deutschland. Auch für die Amerikaner kam die Wiedervereinigung nur unter der Bedingung infrage, dass das vereinigte Deutschland Teil der NATO werden würde. Die Russen kamen den Amerikanern entgegen, verzichteten auf ihr Ziel eines neutralen Deutschlands und ermöglichten so die Wiedervereinigung. Hinter dieser Entscheidung stand sicherlich auch der Respekt, den man in Russland allgemein Deutschland und der deutschen Kultur entgegenbringt. Dieser Respekt geht auf den starken Einfluss Deutschlands auf die russische Gesellschaft während der Zeit der Deutsch-Russischen Allianz im 18. und 19. Jahrhundert zurück. In Russland war man Ende der 80er Jahre der Meinung, dass eine Kulturnation wie Deutschland unbedingt geeint sein sollte. Und das, obwohl die Sowjetunion insgesamt im Zweiten Weltkrieg schätzungsweise 27 Millionen Menschen verloren hat, davon circa 9 Millionen Soldaten und etwa 16 Millionen Zivilisten. Die Opferzahlen sind auch deshalb so hoch, weil das Dritte Reich vor dem Hintergrund der pseudowissenschaftlichen Rassenideologie die slawische Bevölkerung als Untermenschen eingestuft hatte. Hitler verlangte daher, den Krieg gegen die Sowjetunion anders zu führen als zuvor den gegen Frankreich, nämlich als Vernichtungskrieg. Alleine in Weißrussland sind über 5000 Dörfer zerstört worden, wobei oftmals die gesamte Bevölkerung ums Leben kam.

Doch Deutschland, dem Russland trotz der Gräuel der SS und der Wehrmacht die Einheit geschenkt hat, hatte 2014, also genau 25 Jahre später, als es selbst mit Pomp den 25. Jahrestag der Wiedervereinigung mit Bush und Gorbatschow als Gästen unter dem Brandenburger Tor feierte, nichts Besseres zu tun, als das Geschenk der deutschen Wiedervereinigung mit einer Teilung des russischen Kulturraums zu beantworten. Spätestens zu diesem Zeitpunkt waren alle Erinnerungen daran, was Kohl und Gorbatschow mit dem *europäischen Haus von Lissabon bis Wladiwostok* im Rahmen einer kooperativen Sicherheitsarchitektur einmal wollten, abgeräumt.

Und so kann man die Jahre zwischen Bankenkrise 2010 und dem Euro-Maidan 2014 als den Moment bezeichnen, in denen den beiden europäischen Projekten – politische Union und kooperative Friedensordnung – der Todesstoß versetzt wurde. Weder mit Blick auf ihre inneren Angelegenheiten, den institutionellen Reformstau, die sozialen Verwerfungen nach der Bankenkrise und den infolgedessen überall in Europa durchbrechenden Populismus, noch mit Blick auf ihre außenpolitische Souveränität konnte sich die EU noch behaupten. Die europäische Emanzipation war verspielt!

Langsam merkte auch die saturierte westeuropäische Bevölkerung, dass mit Europa etwas nicht mehr stimmte: Der *Pulse of Europe* eroberte ab Herbst 2016 die Straßen. Wo die Politik versagt hatte, bleibt die Sehnsucht übrig. Den *Pulse of Europe* kann man in dieser Hinsicht als Sensor (»Puls«) für eine Öffentlichkeit sehen, die intuitiv verstanden hatte, dass das europäische Projekt der Politik entglitten war, ohne dass zu diesem Zeitpunkt irgendjemand die multiplen Zusammenhänge oder Gründe gesehen, geschweige denn diskutiert hätte. So war der Puls nicht mehr als eine Art Anrufung an Europa in dem Moment, in dem es unterging. Man merkt es immer zu spät, oder wie Gorbatschow einst gesagt haben soll: *Wer zu spät kommt, den bestraft das Leben.*

Westliche Einmischung und fragile Demokratien

Die Regime-Change-Operation im Winter 2013/14 auf dem Kiewer Maidan war schließlich erfolgreich. Allerdings kam nicht nur einfach eine prowestliche Regierung an die

Macht. Die Amerikaner hatten aus der »Orangenen Revolution« von 2004 gelernt. Diesmal wurde im politischen Prozess nichts mehr dem Zufall überlassen. Zusammen mit den prowestlichen Gruppen im Zuge einer *Demokratisierung* stiegen auch radikale Gruppen wie der Rechte Sektor oder das Regiment Asow auf. Diese hatten in der Ukraine eine lange Geschichte, da es insbesondere in der Westukraine schon während des Zweiten Weltkriegs zu einer Kollaboration mit der Wehrmacht und der SS gekommen war.[38] Mit dem Zweiten Weltkrieg hörte der Konflikt zwischen den westukrainischen Separatisten und der Sowjetunion nicht auf, sondern lebte in Form eines schwelenden Bürgerkrieges fort, der zu einem Faktor im Kalten Krieg wurde[39] und der erst in den 1950er Jahren endete.[40] Durch die Kriegsbedingungen kam es zur Konservierung der von den Nazis übernommenen Rassenideologie, was zumindest zum Teil die Renaissance rechten Gedankenguts in der heutigen Ukraine erklärt.[41]

Dies sind die historischen Hintergründe, warum es 2014 nach dem Maidan als einer der ersten Handlungen rechter Paramilitärs zu einem Angriff auf das Gewerkschaftshaus in Odessa kommen konnte, das erst umstellt und dann angezündet wurde. 48 Menschen kamen ums Leben. Dieses Pogrom hatte abschreckenden Charakter: Wer fortan den ukrainischen Nationalismus infrage stellte, sollte mit ähnlich harten Reaktionen rechnen müssen. In der Ukraine zirkulieren schon seit Jahrzenten nationalistische Losungen und sogar die Vorstellung von Rassenunterschieden zwischen Ukrainern und Russen. Beides – Nationalismus und Rassismus – ist jedoch profund antieuropäisch, ja die Negation dessen, was Europa ausmacht.

Der Spruch »Slava Ukraini« (wörtlich »Ruhm der Ukraine«, jetzt verwendet wie »Heil Ukraine«) wurde seit dem Maidan zum Tagesgruß. Die undemokratischen, semi-autoritären und nationalistischen Entwicklungen in der Ukraine wurden acht Jahre von westlichen Medien – bis auf wenige Ausnahmen[42] – nicht beachtet. Neonazi-ähnliche Gruppen übernahmen nach und nach in der Ukraine Funktionen im Sicherheitsapparat und sorgten durch Einschüchterung[43] dafür, dass die Ukraine trotz der zunehmenden Arbeitslosigkeit angesichts des wegbrechenden russischen Marktes bei ihrem antirussischen Kurs blieb. Da die neue Regierung der russischen Sprache den Status einer Amtssprache absprach[44], kommt es zur Abspaltung einiger russischsprachiger Regionen, insbesondere der Krim und des Donbass (den Republiken Donezk und Lugansk). Dies führte zum Referendum auf der Krim 2014, mit einer Mehrheit von über 90 Prozent[45] für einen Beitritt zur Russischen Föderation, sowie zum jahrelangen Bürgerkrieg in den Republiken Donezk und Lugansk, in dem Zehntausende starben. Über acht Jahre hinweg wird beispielsweise die Stadt Donezk mit Artillerie beschossen, ein Sachverhalt, über den in offiziellen westlichen Medien genauso geschwiegen wurde wie über die Repressalien des ukrainischen Sicherheitsapparats.

Die ideologische Ausrichtung der Ukraine nahm immer schärfere Formen an. In ukrainischen Schulbüchern wurden die Russen als Feinde der Ukraine beschrieben[46], der Zweite Weltkrieg wurde neu interpretiert[47]. Letzteres drückte sich beispielswiese darin aus, dass der Nazi-Kollaborateur und Kriegsverbrecher Stepan Bandera zum neuen ukrainischen Nationalhelden stilisiert wurde.[48] Das Simon-Wiesenthal-Zentrum hat in mehreren Stellungnahmen darauf hingewiesen, dass Bandera eine Mitverantwortung am Tod von Tausenden Juden während des Zweiten Weltkriegs trägt.[49] Auch hat das Wiesenthal-Zentrum dagegen protestiert, dass am Geburtstag Stepan Banderas am 1. Januar in der Westukraine Fackelmärsche stattfinden und der Tag zum nationalen Feiertag erklärt wurde.[50] In Berlin, Brüssel, Warschau oder Paris aber tat man so, als wüsste man von nichts. Im Grunde genommen ging die Ukraine aus dem Maidan-Putsch als Semi-Diktatur hervor, in der die wichtigste Frage über die Zukunft des Landes – nämlich seine geopolitische Ausrichtung – der öffentlichen Debatte entzogen war, während zugleich riesige Bevölkerungsgruppen, die sich als russisch oder prorussisch verstehen, zunehmender Diskriminierung ausgesetzt waren. Inzwischen wurden mehrere Parteien von Selenski verboten.[51] Wie auf der Grundlage dieser Entwicklungen im europäischen Westen fast wie auf Knopfdruck im Februar 2022 eine Solidarität mit einer vermeintlich *demokratischen, liberalen* Ukraine entstehen konnte, deren *territoriale Integrität* jetzt um jeden Fall verteidigt werden müsse, muss jeden objektiven Beobachter eigentlich stutzig machen und kann nur einer gewaltigen Propaganda-Maschinerie zugeschrieben werden.

Der letzte Versuch einer Verhandlungslösung

Im Februar 2015 wurden circa 5000 Soldaten des ukrainischen Militärs von den Volksmilizen der Republiken Donbass und Lugansk bei der Kleinstadt Debalzewe eingekesselt.

Im Zuge dieser militärischen Krise kam es zu Verhandlungen zwischen der ukrainischen Regierung, den Vertretern der beiden selbstständigen Republiken Lugansk und Donezk sowie Frankreich, Deutschland und Russland. Das ausgehandelte Abkommen sah eigentlich eine föderale Struktur für die Ukraine vor. Diese Lösung hätte es der Ukraine erlaubt, den Konflikt zwischen der West- und Ostukraine im Rahmen einer föderalen Ordnung aufzulösen. Doch die rechten Kräfte in der Ukraine bedrohten Politiker, die die Umsetzung des Abkommens anstrebten. Vor allem die USA hatte kaum Interesse an einer föderalen Struktur der Ukraine, denn Washington wollte das Land zu einem militärischen Frontstaat gegen Russland umbauen, wie einschlägige Dokumente seit 2019 eindeutig belegen.[52] Dies aber war ohne eine starke ukrainische Zentralregierung kaum möglich. Und so zeigte sich, dass man dem Minsker Abkommen in Kiew, Berlin und Paris im Februar 2015 hauptsächlich unter dem Druck der militärischen Situation zugestimmt hatte. Man wollte Zeit gewinnen, um die Ukraine militärisch aufzurüsten und die Soldaten nach NATO-Standards zu trainieren. NATO-Generalsekretär Jens Stoltenberg hat dies kürzlich so beschrieben: »Wie Sie wissen, haben die NATO-Verbündeten der Ukraine ein noch nie da gewesenes Maß an militärischer Unterstützung gewährt. Die NATO-Verbündeten und die NATO sind seit 2014 vor Ort und haben die ukrainischen Streitkräfte ausgebildet, ausgerüstet und unterstützt.«[53] Zeitgleich bekam die Ukraine mit allen Mitteln der modernen PR eine antirussische Identität und dafür eine Identität als ukrainischer, europäischer Nationalstaat verpasst.

Für Russland stellte die Nichtumsetzung des Minsker Abkommens ein Déjà-vu-Erlebnis dar. Denn schon früher hatte man in Moskau die Erfahrung gemacht, dass sich der Westen an Verträge und Abkommen nur so lange hält, solange sie ihm nutzen. Immer häufiger kann man deshalb in russischen Zeitungen lesen, dass der Westen »nedagaworaspasobnij« (»недоговороспособный«) sei, was so viel heißt wie »nicht vertragsfähig«.

Amerikas Pläne zur Spaltung Europas

Wie sehr sich die Konfrontation in der Ukraine zuspitzte, zeigt auch eine Rede des amerikanischen Geostrategen Georg Friedman von 2015 vor dem Chicago Council on Global Affairs. Friedman enthüllt, dass es das Ziel der Vereinigten Staaten sei, Russland durch einen neuen *Cordon Sanitaire* von Europa abzutrennen. Er behauptete, dass die Russen wüssten, dass die Amerikaner Russland von Europa abtrennen möchten und es für Russland nur um die Frage gehen würde, ob es zwischen Europa und Russland etwa in Gestalt der Ukraine eine neutrale Pufferzone geben würde oder nicht. Die Amerikaner hätten das Interesse, ihren Einflussbereich so tief in russischen Raum hinein auszudehnen wie nur möglich. Ideal wäre eine Linie von Sankt Petersburg bis Rostow, die Russland von Europa abschneiden würde. In diesem Fall wäre der *Cordon Sanitaire* nur 70 Meilen vor Stalingrad und 300 Meilen von Moskau entfernt, so Friedman.

Die unbekannte Karte in diesem Spiel, so führt der Geostratege weiter aus, sei aber die Rolle Deutschlands, hier als Scharnier benannt. Die Deutschen selbst wüssten nicht, was sie tun sollen. Für die USA bestehe vor allem die Sorge, dass deutsche Technologie und deutsches Kapital in Verbindung mit russischen Ressourcen und russischer Arbeitskraft eine kombinierte Macht erzeugt, die den USA bereits im letzten Jahrhundert Angst gemacht habe. Vom Baltikum bis zum Schwarzen Meer solle deshalb ein neuer Eiserner Vorhang entstehen. Auch die Russen hätten ihre Karten auf den Tisch gelegt. Sie bräuchten eine neutrale Ukraine. »Doch wer immer mir sagen kann«, so Friedman, »was die Deutschen machen werden, wird die nächsten 40 Jahre Geschichte vorhersagen können.« Ökonomisch, so Friedman, sei Deutschland sehr stark, doch geopolitisch sehr fragil. Friedman beendete seinen Vortrag mit der Forderung: »Denken Sie über die deutsche Frage nach, denn sie kommt nun wieder auf uns zu. Aber wir wissen nicht, wie sie zu adressieren ist. Wir wissen nicht was sie [die Deutschen] tun können.«[54]

Aus diesen Äußerungen geht hervor, dass die Abtrennung Russlands von Europa von den USA mindestens seit 2015 geplant worden ist. Solche Planungen schließen auch immer die Planung politischer Ereignisse mit ein, die zum Ziel hinführen können. Ein Jahr später, 2016, reisen die amerikanischen Politiker Lindsey Graham und John McCain in die Ukraine, um dort vor ukrainischen Soldaten zum langjährigen Kampf gegen Russland aufrufen. John McCain ruft den ukrainischen Soldaten zu: »I believe you will win. I am convinced you will win. And we will do everything to provide you with what you need to win.« (Ich glaube, dass ihr gewinnen werdet. Ich bin davon überzeugt, dass ihr gewinnen werdet. Und wir werden alles dafür tun, um euch mit dem zu versorgen, was nötig ist, damit ihr gewinnt.)[55]

Die Vorbereitungen auf den Krieg laufen an

Im Grunde genommen ist der Krieg nach dem Scheitern des Minsker Abkommens bereits vorprogrammiert. Der »Westen« ist politisch erstarrt und kann sich von einer in den 90er Jahren in den USA erdachten Strategie nicht mehr lösen. Europa war mitgefangen und mitgehangen, die eigenen europäischen Projekte waren zu diesem Zeitpunkt gescheitert, Europa war politisch kraftlos. Alle EU-Staaten waren bereits im Strudel fragiler Parteiensysteme und standen unter dem Druck populistischer Parteien. Eine *eigene politische Idee für Europa* konnte in Debatten gar nicht mehr thematisiert werden. Ab dem Brexit, also ebenfalls um 2016, begann die Austrittssehnsucht: Öxit, Italexit, Polexit, Frexit, wer geht als Nächstes? Die geostrategische Agenda für den europäischen Osten oder auch den Balkan war der EU vollends entglitten. Seit mindestens sechs Jahren also wird von amerikanischer Hand ein Krieg auf europäischem Territorium vorbereitet, in einem Europa, das sich selbst geschworen hat, der Kontinent von *Nie wieder Krieg* zu sein. An nichts könnte man die kolossale Selbstvergessenheit Europas im 21. Jahrhundert mehr ermessen!

In Moskau nahm man immer mehr wahr, dass man auf alle Eventualitäten einschließlich Krieg vorbereitet sein müsse. Die militärische Aufrüstung der Ukraine schritt seit 2014 ununterbrochen voran. Bis zum Ausbruch des Krieges hatte eine große Zahl der verschiedenen Armeeeinheiten der ukrainischen Streitkräfte ein von westlichen Militärberatern beaufsichtigtes Training gemäß NATO-Standards erhalten. Der amerikanische Raketenschild wurde auf einer

Basis in Rumänien 2016 und in Polen 2021 in Betrieb genommen. Auch existieren eine Vielzahl an seegestützten Abschussanlagen für Abfangraketen auf den Zerstörern der Arleigh-Burke-Klasse, die theoretisch die gesamte Küste Russlands abdecken können.

Doch auch Russland war in den zurückliegenden Jahren nicht untätig. Seit dem Georgienkrieg hat der Kreml große Anstrengungen unternommen, sein Militär zu modernisieren und den größten Teil der noch aus Sowjetzeiten stammenden Ausrüstung durch moderne Modelle zu ersetzen. Zudem modernisierte Russland seine Nuklearstreitkräfte und entwickelt neue Waffen. Im Jahr 2018 stellt Putin in seiner Ansprache zur Lage der Nation eine ganze Reihe neuer Waffensysteme vor, die teilweise auf gänzlich neuen Techniken beruhen. So zum Beispiel mehrere Raketen, die mit zehn- bis zwanzigfacher Schallgeschwindigkeit (Hyperschall) fliegen können und somit von keinem Raketenschild abgefangen werden können. Auch manövrierbare Interkontinentalraketen, die die USA über den Südpol erreichen können, gehörten nun zum Arsenal. Großes Erstaunen lösten schließlich ein mit Nuklearenergie betriebener Marschflugkörper aus sowie ein mit Nuklearenergie angetriebener Langstreckentorpedo. Letzterer kann 10 000 Kilometer in großer Tiefe zurücklegen und eine Wasserstoffbombe transportieren. Würde diese Waffe unter Wasser explodieren, entstünde eine gigantische Tsunamiwelle von mehreren Hundert Metern Höhe. Die wechselseitig garantierte Zerstörungsmöglichkeit (*mutual assured destruction)*, die einer kooperativen Ordnung weichen sollte, blieb also in Kraft.

Die Amerikaner reagieren darauf, in dem sie aus dem INF-Vertrag aussteigen. Der Vertrag war damals, als er

1987 von Reagan und Gorbatschow unterschrieben wurde, ein Meilenstein der Friedenssicherung. Durch ihn wurden die gefährlichste Waffengattung der bisherigen Menschheitsgeschichte – nuklearbestückte Mittelstreckenraketen mit einer Reichweite von 500 bis 5500 Kilometern und extrem geringen Vorwarnzeiten – zur Gänze abgeschafft. Die EU, deren politische Klasse jede Fähigkeit zur eigenständigen Perspektive und Analyse verloren hat, ließ es weitgehend unkommentiert geschehen.

Die Eskalation beginnt

Zu den häufigsten semantischen Setzungen seit Kriegsbeginn zählt die Rede vom »russischen Überfall« oder dem »russischen Angriffskrieg« auf die Ukraine. Keine Nachrichtensendung kommt bis dato ohne diese Formulierung aus. Damit wird insinuiert, dass sowohl die Ukraine als auch der Westen vom Krieg überrascht worden seien und ihn nicht haben kommen sehen, geschweige denn vorbereitet haben.

Eine genaue Analyse der Vielzahl an militärischen Aktivitäten, die Duzende NATO-Staaten, aber insbesondere Großbritannien, die USA und Kanada, seit 2014 in der Ukraine entfaltet haben, zeigt indes deutlich, dass dem nicht so war. Nüchtern betrachtet muss man sich wundern, dass die russische Regierung überhaupt so lange stillgehalten hat. Die militärischen Maßnahmen, die die USA in der Ukraine durchgeführt haben, schlossen, wie unten weiter ausgeführt, auch Biowaffenforschung mit ein. Selbst die massive Anhäufung von kernwaffenfähigem, spaltbarem Material wurde stillschweigend akzeptiert. Im Grunde genommen müsste die Frage, wer diesen Krieg wirklich begonnen hat, neu erforscht werden. Es geht eher um angelsächsische – nämlich amerikanische, britische und kanadische – Kriegsvorbereitungen gegen Russland, die zwar nicht in den Medien besprochen wurden, aber doch durch öffentliche Dokumente zugänglich waren und sind. Dass dies von westlichen Medien nicht umfassend recherchiert wurde, kann nur verblüffen. Studiert man die westlichen Kriegsvorbereitungen im Detail, so wird deutlich, dass der Ukraine die Rolle zukam, stellvertretend für den Westen einen Krieg mit Russland zu beginnen, der dann militärisch und logistisch von NATO-Mitgliedstaaten unterstützt werden sollte, ohne die Allianz insgesamt direkt in den Krieg zu involvieren. Dieser Prozess sollte begleitet werden durch einen Wirtschaftskrieg (Sanktionen), Informationskriegsführung (antirussische Propaganda) und eine nukleare Einkreisung Russlands, die vor allem durch das Raketenschild in Rumänien und Polen sowie seegestützte Systeme auf den Zerstörern der Arleigh-Burke-Klasse sichergestellt werden sollte. All diese Maßnahmen entsprachen dem Streben der USA nach »Full Spectrum Dominance« und zielte darauf ab, die Russische Föderation auf mehreren Ebenen so weit zu schwächen, dass das Land sein Gleichgewicht verlieren und innere Konflikte zum Sturz der Regierung führen würde. Eine Beschreibung der Aktivitäten im letzten Jahr vor Kriegsbeginn dürfte ausreichen, die obige These zu erhärten:

Am 24. März 2021 verabschiedete die Ukraine eine Militärstrategie, die die Regierung dazu verpflichtet, alle notwendigen Maßnahmen – einschließlich militärischer – zur

Wiedereingliederung der Krim sowie der Republiken Donbass und Lugansk zu ergreifen.[56] Ebenfalls im März 2021 erklärte das britische Verteidigungsministerium, seine Aktivitäten im Schwarzen Meer verstärken zu wollen.[57] Noch im gleichen Monat begann die Militärübung »Defender Europe 21« an der 28 000 Soldaten aus 26 Ländern in unmittelbarer Nachbarschaft der Ukraine teilnahmen.[58] Im April 2021 veröffentlichte die türkische und ukrainische Regierung eine gemeinsame Stellungnahme, in der die Türkei die Schritte zur Wiederherstellung der territorialen Integrität der Ukraine unterstützte.[59] Im Mai und Juni 2021 kam es zu mehreren gemeinsamen Manövern zwischen der Ukraine und westlichen Ländern: Steadfast Defender 2021 mit 9000 Soldaten aus 20 NATO Ländern.[60] Im Juni 2021 einigten sich ukrainische und britische Regierungsvertreter auf das »Naval Capabilities Enhancement Programme«, im Zuge dessen britische Kriegsschiffe an die Ukraine verkauft werden sollten.[61] Ebenfalls im Juni 2021 fand im Rahmen des Manövers Defender Europe 21 die Übung »Noble Jump« statt, an der im ukrainischen Nachbarland Rumänien 13 Nationen und 4000 Soldaten teilnahmen.[62] Beim NATO-Gipfeltreffen in Brüssel erneuerten die NATO-Mitgliedstaaten ihr 2008 in Bukarest gegebenes Bekenntnis zu einer zukünftigen Mitgliedschaft der Ukraine.[63] Vom 28. Juni bis 20. Juli 2021 fand die Militärübung »Sea Breeze« unter amerikanisch-ukrainischer Führung im Schwarzen Meer statt. An dieser Übung nahmen 32 Schiffe, 40 Flugzeuge und Hubschrauber sowie 5000 Soldaten aus 24 Nationen teil.[64] Vom 12. bis 19. Juli 2021 fand die Militärübung »Breeze 2021« statt, an der 30 Schiffe und 2000 Soldaten teilnahmen.[65] Am 7. Juli 2021 wies das Europäische Parlament in einem Beschluss darauf hin, dass die EU eine wichtige Rolle bei der Unterstützung der von der NATO verfolgten Politik ausüben könnte.[66] Ebenfalls im Juli 2021 fand die Übung »Three Swords« mit 1200 ukrainischen, polnischen, litauischen und amerikanischen Soldaten statt.[67] Außerdem fand im im gleichen Monat das ukrainisch-britische Manöver »Cossack Mace 2021« statt, an dem neben 900 ukrainischen auch 500 Soldaten verschiedener NATO-Länder teilnahmen.[68] Im August 2021 kündigte Großbritannien an, eine Ausbildungsinitiative für die ukrainische Marine zu organisieren.[69] Am 23. August 2021 nahm der stellvertretende Generalsekretär der NATO an der Auftaktveranstaltung der Krim-Plattform teil.[70] Auch im August 2021 überflog eine Formation britischer Kampfjets die ukrainische Hauptstadt Kiew anlässlich der Feierlichkeiten zum 30. Jahrestages der Loslösung von der Sowjetunion.[71] Im September 2021 fand wiederum das von der Ukraine und den USA organisierte Manöver »Rapid Trident 2021« mit 4000 ukrainischen und 2000 ausländischen Soldaten statt, die neben den USA, Kanada, sechs EU Staaten sowie Georgien, Moldau, die Türkei, Jordanien und Pakistan mit einschließen.[72] Auch im September 2020 fand die Militärübung »Joint Endeavour« mit insgesamt 8000 Soldaten statt, davon 250 britischen Fallschirmjägern, die im Direktflug aus Großbritannien in der Ukraine zum Einsatz kamen.[73] Im September 2021 wurde eine gemeinsame Erklärung zur US-amerikanisch-Ukrainischen strategischen Partnerschaft veröffentlicht.[74] Im Oktober 2021 besuchte der US-amerikanische Verteidigungsminister Lloyd Austin Kiew, um mit der Ukraine an der Umsetzung des Strategischen Verteidigungsabkommens zu arbeiten.[75] Im

Oktober 2021 fand zudem die britisch-ukrainische Übung Warrior Watchers statt, bei der die Verteidigung von Flugplätzen geübt wurde.[76] Im Oktober 2021 berichteten Medien von einem internen Arbeitspapier des Europäischen Auswärtigen Dienstes (EAD), in dem erwogen wurde, ob nicht auch die EU eine eigenständige militärische Ausbildungsmission für die Ukraine einleiten könne.[77] Im November 2021 unterzeichneten Großbritannien und die Ukraine ein Abkommen, im Zuge dessen die Ukraine 1,7 Milliarden britische Pfund für die Entwicklung seiner Marine erhält.[78] Am 10. November 2021 kam es zur Unterzeichnung der »US-amerikanischen-ukrainischen Charta der strategischen Partnerschaft«. In dem Dokument heißt es, dass »die USA [...] nie die versuchte Annexion der Krim durch Russland akzeptieren [werden].«[79] Ebenfalls am 10. November berichteten amerikanische Medien über einen Aufmarsch der russischen Armee entlang der ukrainischen Grenze.[80] Was nicht berichtet wurde, ist, dass es parallel dazu auch zu einem Aufmarsch ukrainischer Truppen entlang der Grenze zu den unabhängigen Republiken Donezk und Lugansk sowie an der Grenze zur Krim kam.[81] Es entstand eine Übermacht ukrainischer Militäreinheiten an der Grenze zu den beiden Republiken. Russland interpretierte den ukrainischen Aufmarsch vor dem Hintergrund des bereits erwähnten Erlasses 117 als Kriegsvorbereitung. Am 8. Dezember 2021 wurde in einem gemeinsamen Communiqué zwischen Großbritannien und der Ukraine noch einmal der Status der Ukraine als eine »NATO Enhanced Opportunities Partners« unterstrichen.[82] Am 14. Dezember verabschiedete das ukrainische Parlament das Gesetz »über die Zulassung bewaffneter Einheiten der Streitkräfte anderer Staaten auf dem Territorium der Ukraine im Jahr 2022«. Das Gesetz bezieht sich auf die für das Jahr 2022 geplanten Manöver Rapid Trident 2022, Cossack Mace 2022, Light Avalance 2022, Silver Sabre 2022, Sea Breeze 2022, Riverine 2022, Maple Arch 2022 und Viking 2022 und erlaubt die längere Präsenz ausländischer Truppen in der Ukraine.[83] Um den 27. Januar herum scheiterte der diplomatische Briefwechsel zwischen Moskau und den USA. Die USA lehnten die russischen Kernforderungen wie den Verzicht auf die NATO-Osterweiterung, Rückbau der NATO-Präsenz gemäß NATO-Russland-Akte von 1997 sowie den Verzicht auf die Stationierung von Kurz- und Mittelstreckenraketen ab.[84] Am 7. Februar 2022 erklärte der ukrainische Außenminister in einer Pressekonferenz mit der deutschen Außenministerin Baerbock, dass »es keinen direkten Dialog seiner Regierung mit den prorussischen Rebellen im Osten der Ukraine geben« werde. Damit wurde öffentlich zugegeben, das Minsker Abkommen nicht umsetzen zu wollen.[85]

Am 14. Februar 2022 sagte der ukrainische Botschafter in Großbritannien, man erwäge anstelle einer sofortigen NATO-Mitgliedschaft auch zusätzliche bilaterale Abkommen mit den USA und Großbritannien.[86] Ebenfalls am 14. Februar 2022 äußerte der US-Präsident Joe Biden, dass er mit einem Angriff Russlands auf die Ukraine am 16. Februar rechne.[87] Tatsächlich begann am 16. Februar 2022 ein immer stärkerer Beschuss der Republiken Donezk und Lugansk durch die Ukraine. Am 18. Februar war der Beschuss gegenüber dem 14. Februar bereits um das 34-Fache gestiegen. Für den Fall, dass die Ukraine selbst eine Offensive geplant hätte, wäre zu erwarten gewesen, dass diese ganz ähnlich begonnen hätte, nämlich mit massivem Artilleriebeschuss. In gewisser Weise könnte man deshalb ebenso den 16., 17. oder 18. Februar zum Tag des Kriegsbeginns erklären.

Es kam am 16. Februar zu 591 Waffenstillstandsverletzungen und 316 Explosionen, was eine Verachtfachung gegenüber dem 14. Februar darstellte.[88] Am 17. Februar kam es wiederum zu einer deutlichen Intensivierung des Beschusses, bei dem sich die Streitkräfte der Republiken Donezk und Lugansk deutlich in der Defensive befanden. Die OSZE registrierte 870 Waffenstillstandsverletzungen und 654 Explosionen.[89] Am 18. Februar zeigte sich das gleiche Bild. Nun registrierte die OSZE bereits 1566 Waffenstillstandsverletzungen und 1413 Explosionen.[90] Am Wochenende vom 19. und 20. Februar 2022 registrierte die OSZE sogar 3231 Waffenstillstandsverletzungen und 2026 Explosionen.[91] Am 19. Februar 2022 erklärte der ukrainische Präsident Selenski auf der Münchner Sicherheitskonferenz, dass sein Land aus dem Budapester Memorandum aussteigen würde, sofern es keine festen Sicherheitsgarantien der fünf ständigen Mitglieder des Sicherheitsrates, einschließlich Deutschlands und der Türkei gäbe.[92] Damit kündigte der Präsident indirekt an, Atomwaffen erwerben zu wollen. Am 21. Februar 2022 erkannte Moskau die Unabhängigkeit der beiden unabhängigen Republiken Donezk und Lugansk an. Die OSZE registrierte an diesem Tag 1927 Waffenstillstandsverletzungen und 1481 Explosionen.[93] Am 22. Februar 2022 kam es zu 1710 Waffenstillstandsverletzungen und 1420 Explosionen.[94] Die Republiken Donezk und Lugansk konnten dem militärischen Druck von Seiten der Ukraine kaum noch standhalten und reichten eine Bitte um militärische Hilfe bei der russischen Regierung ein. Der Bericht über den 23. Februar spricht nur noch von einer stark verschlechterten Sicherheitslage.[95] Am 24. Februar überschritten russische Truppen die Grenze zur Ukraine.

Alle diese Einzelheiten vor dem Krieg machen deutlich, dass sich sowohl die Ukraine als auch ihre westlichen Unterstützer im Westen, allen voran die USA, Großbritannien und Kanada, seit 2014 aktiv auf einen Krieg der Ukraine gegen Russland vorbereitet haben. Bereits im Juni 2020 war die Ukraine zum sechsten NATO-Partner mit erweiterten Möglichkeiten geworden und genoss gegenüber der NATO den gleichen Rang wie beispielsweise Australien. Die Aussage der deutschen Außenministerin Baerbock gegenüber Lawrow, man müsse über die NATO-Mitgliedschaft nicht reden, weil sie derzeit nicht anstände, war somit bloße Augenwischerei. Die militärische Integration der Ukraine in die Militärstrukturen insbesondere der USA, Großbritanniens und Kanadas ging wesentlich weiter als selbst die Kooperation zwischen den bestehenden NATO-Mitgliedern.

Dazu kommt, dass die Ukraine bei Kriegsbeginn bereits die wesentlichste Komponente und das technologische Wissen zum Bau einer Atombombe in großen Mengen besaß. Denn die Ukraine war in der Zeit der Sowjetunion ein Zentrum für Hochtechnologie gewesen. Hinzu kam noch, dass der Chef der Internationalen Atomenergiebehörde (IAEA), Raphael Grossi, während des Weltwirtschaftsforums in Davos in einem Bloomberg-Interview preisgab, dass im größten ukrainischen Atomkraftwerk Saporischschja derzeit 30 Tonnen Plutonium und 40 Tonnen angereichertes Uran lagern würden.[96]

Außerdem sind nach dem Einmarsch der russischen Armee zahlreiche biologische Labore entdeckt worden, die der Erforschung von Viren und Bakterien gewidmet sind. Anfangs wurden die russischen Stellungnahmen zu den Laboren als Propaganda abgetan. Doch schließlich wurde diese Information von Victoria Nuland, derzeit Staatssekretärin für politische Angelegenheiten im US-Außenministerium, bestätigt. Bei einer Anhörung vor dem Senat von Senator Marco Rubio stand Nuland unter Eid. Nach den biologischen Laboren in der Ukraine gefragt, blieb ihr nichts anderes übrig, als zuzugeben, dass die Ukraine über biologische Forschungslabore verfüge und man derzeit sehr darum bemüht sei, mit den Ukrainern zu organisieren, dass die Forschungsmaterialen nicht in russische Hände fallen würden.[97] Von russischer Seite werden diese Labore der Biowaffenforschung zugerechnet. Schließlich waren so viele umstrittene Informationen bekannt geworden, dass das Pentagon zugeben musste, in der Ukraine 46 vermeintlich friedliche[98] biologische Labore zu unterhalten.[99] Welchen Sinn und Zweck diese Labore in der Ukraine hatten, kann derzeit nur spekulativ beantwortet werden. Könnte man einen möglichen Hinweis in dem bereits erwähnten Dokumente »Rebuilding America's Defenses« des Think Tank „Project for a new American Century" finden? Darin wurde offen davon gesprochen, dass zukünftige Kriege mit biologischen Waffen geführt werden könnten, die auf den Genotyp ihres Feindes zugeschnitten wären, und dass diese Entwicklung biologische Waffen in ein nützliches politisches Werkzeug verwandeln könnten.[100] Wollte man eine biologische Waffe entwickeln, die besonders Russen, also den slawischen Genotyp, angreift, so wäre die Ukraine ein perfektes Testgebiet, da insbesondere im Süden und Osten der Ukraine ethnische Russen leben. Dass Ukrainer möglicherweise an solchen Experimenten mitgewirkt haben könnten, wäre dadurch erklärbar, dass die Mehrzahl der Wissenschaftler bei solchen Forschungen nur einzelne Aufträge abarbeiten, ohne die langfristigen Forschungsziele zu kennen. Zudem ist die Ukraine derzeit kein souveräner Staat und von ausländischen Krediten und Investitionen extrem abhängig. Es ist das ärmste Land Europas, wo aufgrund einer tief in der Gesellschaft verankerten Korruption mit Geld fast alles erreicht werden kann.

***

Die letztendliche Ursache dafür, dass ein 1989 scheinbar geeintes, von zwei Weltkriegen zum Frieden bekehrtes Europa erneut an der Lunte des Krieges zündelt, liegt mithin in der unkritischen und nicht ausbalancierten transatlantischen Ausrichtung Europas begründet, die keine gleichberechtigte Partnerschaft ist, sondern eine asymmetrische Abhängigkeit bedeutet. Daran müsste sich etwas ändern, damit sowohl die europäische Einheit als auch eine friedliche Partnerschaft mit Russland auf dem Kontinent gesichert werden können. Dass Europas Öffentlichkeiten sich angesichts der beschriebenen Entwicklungen so einseitig in den heutigen Ukraine-Krieg haben hineinziehen lassen, beweist, wie dünn der Lack der europäischen Zivilität ist.

Wir haben in diesem Buch bereits viel über Informationskriegsführung gesprochen. Das eigentliche Ziel der Informationskriegsführung ist die Entmenschlichung des Gegners. Denn Kriege lassen sich nur gegen Bevölkerungen führen, die man als profund fremd ansieht. Wie weit aufgrund der negativen Berichterstattung diese Entmenschlichung Russlands in der Wahrnehmung von Westeuropäern bereits fortgeschritten ist, zeigten die westlichen Reaktion nach dem 24. Februar 2022. Geradezu fassungslos konnte es zu Kriegsbeginn machen, wie sehr Politik und Medien in Europa bereit waren, das gesamte russische Volk und seine Kultur abzulehnen. Denn diese erschöpften sich nicht in politischer Sorge, Sanktionen oder geostrategischer Analyse, im Gegenteil! Es wurde mit hoch emotionalisierten Kriegsbildern gearbeitet – die tragischerweise in *jedem* Krieg vorkommen –, um in kolossaler Selbstvergessenheit und in Verdrängung der eigentlich tiefen Verbindung zwischen der europäischen und der russischen Kultur den Strang der russischen Kultur aus dem europäischen Körper zu reißen. Es dürfte der bisher größte Moment der Entfremdung Europas mit sich selbst und seiner Zivilität im 21. Jahrhundert gewesen sein.

Russische Dirigenten, die im Westen arbeiteten, wie zum Beispiel der Chefdirigent der Münchner Philharmoniker Valery Gergiev oder die Opernsängerin Anna Netrebko, wurden genötigt, sich von ihrem eigenen Land zu distanzieren. Wenn sie dem nicht sofort nachkamen, wurden sie ihrer Position enthoben oder durften nicht mehr auftreten. Universitäten überboten sich darin, die russische Kultur, sei es Literatur oder Musik, aus den Lehrplänen zu streichen.[101] Zwischenzeitlich wurde sogar diskutiert, Kunstwerke aus Russland, die auf einer europäischen Wanderausstellung waren, nicht mehr zurückzugeben.[102] Auch wurden zahlreiche Kooperationen zwischen russischen und deutschen Universitäten abgebrochen.[103] Russische Geschäfte oder

Restaurants in Europa wurden mit Farbbeuteln beworfen und vereinzelt verweigerten Ärzte sogar die Behandlung russischer Patienten. Es kam sogar zur Enteignung russischen Eigentums in der EU.[104] Eine ungehemmte Russophobie überzog den europäischen Kontinent, womit sich Europa von seinem Wesenskern – kein Nationalismus – meilenweit entfernt hat. Plötzlich wurden gegenüber Russen Handlungen vollzogen, die, würden sie gegenüber anderen ethnischen Minderheiten praktiziert, ganz klar die Kriterien des Rassismus erfüllen würden. Westeuropäische Gesellschaften, die sich noch vor Kurzem auf die Fahnen geschrieben hatten, sich niemals auf religiöse, ethnische oder sexuelle Diskriminierung einzulassen, gefielen sich plötzlich darin, eine ebensolche Diskriminierung auszuüben. Gleichzeitig tauchte überall in Europa auf Apps und Balkonen flächendeckend die ukrainische Nationalfahne auf, als sei ausgerechnet die Verteidigung einer *Nation* ein europäischer Wert an sich.

Europa darf nicht so weitermachen. Wie Europa es anders machen könnte, wollen wir im Schlusskapitel kurz skizzieren.

Zum Schluss: Falls Europa erwacht – wie wieder von Europa träumen?

»Sobald Europa wieder erwacht,
kehren Wahrheitsfragen in die große Politik zurück.
Auf Dauer hängen Erfolge Europas
von der Fähigkeit der Europäer ab,
an ihre Rechte auf
Erfolg zu glauben.«

Peter Sloterdijk

Verrat an Europa

Europa ist im Krieg und verrät seine Friedenserzählung. Es will einen vermeintlich geeinten Nationalstaat verteidigen und übersieht, dass die Überwindung des Nationalstaates die europäische Epiphanie ist. In Europa könnte – so wie sich die Dinge mit Blick auf die Ukraine entwickeln – durch eine Übersprunghandlung zum dritten Mal ein Weltkrieg beginnen. Das Zeitgeschehen ist darum ein gleich dreifacher Verrat an Europa, ein Kulturbruch sondergleichen mit 70 Jahren Aufbauarbeit an Europa und Zivilität!

Die einzige und unmittelbare Verantwortung, die sich daraus für Europa ergibt, ist, sich mit all seinem politischen Gewicht, flankiert von UNO und OSZE, für einen sofortigen Waffenstillstand auszusprechen und Friedensverhandlungen anzuberaumen. In diesen Friedensverhandlungen muss es nicht nur um einen Friedensschluss für die Ukraine gehen, sondern um eine europäische *Grand Strategy*, einen neuen, großen Entwurf für Europa im 21. Jahrhundert. Die USA sollten von diesen Verhandlungen eigentlich ausgeschlossen werden. Zwischen Europa und Russland müsste es möglich sein, sich auf eine neutrale Ukraine innerhalb einer föderalen Ordnung zu einigen, damit zu den Zielen des Minsker Abkommens (Minsk II) zurückzukehren und zugleich eine Sicherheitsordnung anzustreben, in der keiner sich bedroht fühlt. Dies würde genau der Idee einer kooperativen, föderalen Ordnung für den gesamten Kontinent entsprechen, wie sie 1989 nach dem Mauerfall angestrebt wurde. Gleichzeitig müsste Europa wieder lernen, realpolitisch zu denken und zum Beispiel akzeptieren, dass die Krim nicht mehr zur Ukraine zurückkehren wird. Wie Europa und eine föderale Ordnung mit Russland neu gedacht werden könnten, das kann in diesem Schlusskapitel nur kurz skizziert werden – in der Hoffnung, dass diese Ideen von vielen aufgegriffen und weitergedacht werden.

Die Gründe des europäischen Scheiterns

Wir haben versucht, in drei Kapiteln nachzuzeichnen, dass Europa sich, gemessen an seinen eigenen Zielen, dreißig Jahre nach dem Maastrichter Vertrag politisch, kulturell und wirtschaftlich verloren hat und beide Projekte von 1989, die EU als politisches Projekt sowie eine kooperative Friedensordnung mit Russland, gescheitert sind. Erstens wegen der von der EU permanent versprochenen – und auch versuchten –, aber letztlich gescheiterten Demokratisierung ihrer Strukturen sowie der ebenso gescheiterten sozialen Säule der EU, die sich gegen den neoliberalen Bauplan der EU nicht durchsetzen konnte. Zweitens wegen des deutschen Versagens, sein Versprechen von Adenauer bis Kohl, nämlich dass die deutsche und europäische Einigung zwei Seiten derselben Medaille sind, spätestens zum Zeitpunkt der Bankenkrise einzulösen und die politische Union Europas zusammen mit einer europäischen Finanzverfassung durchzusetzen. Und drittens schließlich wegen der geschickten, wenn auch sublimierten amerikanischen Unterwanderung eines politisch geeinten Europas und einer kooperativen Friedensordnung mit Russland.

Europa: Was tun?

Was also tun an diesem Wendepunkt der europäischen Geschichte, mehr noch, einem Moment, in dem sich die Welt neu ordnet, und zwar weitgehend *ohne* Europa?[1] Kann Europa diese Fehler, diese selbstschädigenden Weichenstellungen, die sich ganz aktuell im Krieg in und um die Ukraine kristallisieren, verdichten, potenzieren und beschleunigen, noch korrigieren oder ist es zu spät? Europa müsste zu neuer Selbstständigkeit erwachen. Aber wie, während es geradezu kopflos in sein eigenes Verderben läuft und sich in einer Mischung aus Überstürzung (*Nord Stream 2* nicht einschalten), Propaganda (»Putins Imperialismus«) und Moral (»Werte verteidigen«) eine selbstschädigende Politik nach der anderen beschließt, weil in patriotischem Überschwang nicht thematisiert werden darf und kann, dass die amerikanischen und europäischen Interessen in diesem Krieg nicht kongruent sind? Europa verwechselt derzeit permanent Werte mit Interessen und übersieht, dass niemand Werte verteidigen kann, der kein eigenes Fundament hat. Sahra Wagenknecht hat in mehreren Interviews ausbuchstabiert,[2] dass die europäische Sanktionspolitik nicht Russland, sondern nur Europa selbst schadet. Die russische Wirtschaft ist nicht eingebrochen, die Nichtinbetriebnahme von *Nord Stream 2* hat Russland nicht geschadet, während Europa die absurdesten Wege bemühen muss, um an Gas zu kommen. Der Rubel ist nicht inflationiert, sondern stark, während der Euro derzeit rasant an Wert verliert. Die russischen Staatsschulden sind beherrscht, die russischen Warenhäuser voll: die Sanktionspolitik, Russland von Kapital – und vom Handel – abzuschneiden, ist gescheitert.[3] Im Gegenteil hat Putin einen guten Punkt, wenn er in einer Rede schon im Juni 2022 sagte: »The economy of imaginary wealth is being inevitably replaced by the economy of real and hard asset«.[4] (Die Wirtschaft des eingebildeten Reichtums wird unweigerlich durch die Wirtschaft der realen und harten Vermögenswerte ersetzt.) Weswegen Russland den Wirtschaftskrieg sogar gewinnen könnte: Es stehen Rohstoffe gegen Finanzmarktblasen.

Wie lange will Europa diese absurde, selbstschädigende Politik weiter betreiben in der irrigen Annahme, man könne ein weitgehend autarkes Land wie Russland wirtschaftlich sanktionieren, geschweige denn militärisch besiegen?

Wohin will Europa sich orientieren im 21. Jahrhundert? Will es sich zufriedengeben mit der Rolle eines westlichen Außenpostens der USA in Eurasien? Dies käme einer »Lateinamerikanisierung« Europas gleich, zu einem Zeitpunkt, in dem Lateinamerika stattdessen endlich den Weg einer Emanzipation von den USA beschreitet. Möchte es geklammert sein an den Schürzenzipfel einer Großmacht und ehemaligen Ordnungsmacht (»Weltpolizei«), deren Ruhm, Macht und Einfluss, aber auch deren kulturelle Anziehungskraft mit jedem Tag mehr dahinschwindet? Vor allem: Will Europa möglicherweise demnächst allein am amerikanischen Schürzenzipfel hängen?

Das Ende der kulturellen Hegemonie Amerikas

Jedenfalls lässt sich – und zwar ganz ohne Häme, sondern mit Trauer! – konstatieren, dass das heutige Amerika, sozial verwahrlost und kulturell ausgelaugt, nicht mehr jenes *country of freedom* ist, das einst seine Strahlkraft ausgemacht hat. Das ist das Traurige für alle, die das Land geliebt haben! Und dieser Prozess hat lange vor Donald Trump eingesetzt, der eher eine politische Reaktion auf den inneren Zerfall Amerikas war. Amerika als Land der unbegrenzten Möglichkeiten, der Freiheit und des Universalismus, das war das Amerika von Woodstock, der Hippies und Joan Baez, die sich in Vietnam barfuß vor einen Panzer geworfen hat. Das war das Land von Truman Capote und dem *Catcher in the Rye (Der Fänger im Roggen)*, von John F. Kennedy und Martin Luther King, von Janis Joplin, John Updike, Philip Roth, Paul Auster oder Jonathan Franzen. Das Land der Ivy-League-Universitäten – Yale, Harvard oder Columbia – zu einem Zeitpunkt, als dort noch eine Hannah Arendt oder ein John F. Kennan lehrten. Auf diesem Amerika wurde die kulturelle Hegemonie begründet, die

Europa bis heute umweht. Diese Amerikanisierung Europas begann in den 1960er–70er Jahren. Auf der einen Seite kritisierte die Studentenbewegung dieser Zeit den Vietnamkrieg. Auf der anderen Seite wurden just in dieser Zeit amerikanische Trends, Moden, Filme und Musik zum Teil der europäischen (Pop-)Kultur.

Von diesem Amerika aber ist seit Langem nichts mehr übrig und dies ist keine üble Nachrede oder Antiamerikanismus: Es waren amerikanische Intellektuelle, die es als Erste beklagten.[5] Das heutige Amerika steht, in loser Folge, für von einer *woken* Agenda eingekesselte Universitäten mit entsprechenden Denk- und Sprechverboten, für eine durch immer repressivere Home-Land-Security-Politik ebenso verschreckte wie überwachte Gesellschaft, für religiöse Fundamentalisten (Evangelikale), für nie gelöste Rassismusprobleme (»Black-Lives-Matter«), für regressive Frauenpolitik und Emanzipation (siehe die Abtreibungsverbote in den meisten amerikanischen Bundestaaten, schlimmer als in Malta, Polen oder Irland), für die Todesstrafe, für eine soziale Verwahrlosung (»Rostgürtel« um die einstigen großen Städte wie Detroit oder Chicago) und für eine Oligarchisierung ungeahnten Ausmaßes (»The 1-Porcent«),[6] für eine Kleptokratie und einen *Deep Staate* (»Tiefenstaat«), der losgelöst von irgendeiner demokratischen Legitimation und Kontrolle vermeintlich staatliche »Interessen der USA« global durchsetzt, und schließlich für einen GAFA-Komplex, der sich einer fast brachialen transhumanistischen und biopolitischen Agenda sowie einer hemmungslosen Digitalisierung (»Metaverse«) verschrieben hat. Es würde den Rahmen dieses Essays sprengen, hier die auffälligen Perversionen, *blind spots* oder Selbstgerechtigkeiten des westlich-amerikanischen »Liberalismus« zu diskutieren, der gerade auf dem Weg ist, autokratisch zu werden, ohne es zu merken.

Nichts davon ist kulturell oder politisch für Europa anziehend, nichts steht in Resonanz mit den Traditionslinien der europäischen Geistesgeschichte, nichts davon würde man mit europäischen Werten assoziieren, die wenigsten Europäer wollen so leben. Damit ist die entscheidende Frage gestellt, die Europa für sein weiteres Schicksal, ja sein Überleben als Europa stellen und beantworten muss, die aber durch den moralischen Überschuss und durch die Verabsolutierungen bei der Kommentierung des Kriegsgeschehens in der Ukraine nicht gestellt wird: Sind die USA der beste und einzige Partner im 21. Jahrhundert? Will, ja kann Europa strategisch und ökonomisch von den USA im 21. Jahrhundert abhängiger sein als im 20. Jahrhundert, ohne die kulturelle Hegemonie mit den USA zu teilen? Denn kulturell – und das wird meistens übersehen – verbindet den Westen über den Atlantik hinweg nicht mehr viel.[7] Doch die Kultur ist das eigentliche Fundament jeder Beziehung. Eine »nur« strategische oder ökonomische transatlantische Beziehung, so pragmatisch sie sein mag, ist auf lange Sicht zum Scheitern verurteilt, weil sie da Abhängigkeiten schafft, wo geistige Entfremdung herrscht. Keine Partnerschaft übersteht das! Es geht hier nicht um eine Dämonisierung der USA, sondern um die Frage, was Europa meint, wenn es sagt, es verteidige *seine Werte*. Und welchen Partner es sich für die Verteidigung dieser Werte sucht. *Wer Europa will, muss bei der Kultur anfangen*, sagte schon Jean Monnet.

Was ist Europa?

Wer in den unendlich vielen Büchern stöbert, die sich über die letzten Jahrzehnte über Europa, seine Idee von sich selbst, seine Identität und sein politisches Projekt angesammelt haben, wer eintaucht in dieses fast sehnsüchtige Nachdenken oder gar Grübeln über Europa, seine Ziele, seine Wünsche, seine Selbstbeschreibungen und Selbstzuschreibungen in Jahrzehnten von philosophischem, politischem, kulturellem oder schriftstellerischem Nachdenken; wer in den konstitutiven Texten blättert, die Europa geprägt haben, vom antifaschistischen Manifest von Ventotene von 1941 bis zur Erklärung von Laeken 2001, die den europäischen Verfassungsprozess begründete; wer die Reden von Altiero Spinelli, Helmut Kohl, Francois Mitterrand oder Vaclav Havel liest; wer die akademischen Texte von Jürgen Habermas und Jacques Derrida[8] vom Beginn des Jahrhunderts oder jüngere europäische Manifeste[9] über den Charakter liest, den eine europäische Verfassung beziehungsweise Ordnung haben müsste, der landet immer wieder bei den gleichen Begriffen, die den Wesenskern des *Europäischen* beschreiben: Subsidiarität, Kultur und Diversität. Solidarität, Regionen und Bürger. Autonomie, Genossenschaft und Gemeinwohl. Laizismus und Glaube. Rebellion und Revolution. Einheit, Föderation und Republik. Ästhetik und Vernunft. Gemeinschaft. Frieden, Freiheit und Gleichheit. Das sind die europäischen Werte, die Laurent Gaudé in seinem *L'Europe, Banquet des Peuples* eindrucksvoll beschreibt.

Europa ist – nur kursorisch – die Überwindung der Guillotine, nicht die Todesstrafe; es ist die Mutter der Aufklärung und nicht der Sprechverbote. Europa ist die Erfindung der Republik von Platon bis Kant. In Europa wurden 1789 aus Untertanen Bürger und politische Subjekte, Europa ist antifeudal und keine Plutokratie. Europa ist das Land der kleinen Leute, der ältesten Weinreben der Welt, der regionalen Biere und der Gitanes, des seufzenden Akkordeons und der Orgel, von Warschau bis Messina. Es ist Pasolini, nicht Hollywood. Europa ist Solidarność, nicht das »Jawoll« der Gestapo. Europa ist nicht Brzezińskis Schachbrett, es ist kein geostrategischer Akteur, aber auch kein Territorium für die geostrategischen Gelüste anderer. Fast jeder in Europa hat einen Vorfahren aus einem anderen Land und fast jede europäische Familie eine Kriegs- oder Flüchtlingsgeschichte zu erzählen. Europa ist Revolte, ja, Mutter der Revolution[10], von Paris bis Petersburg egalitär, nicht bourgeois. Europa ist Rebellion gegen soziale Missstände und kein Anhimmeln von »Rockefeller-Karrieren«. Europa, das sind Bauernaufstände gegen den Adel und es ist seine höfische Kultur, der Kontinent der klassischen Musik, das Land der romanischen Kirchen und der Kathedralen von Barcelona über Mailand bis Köln. Europa, das ist Malerei von Leonardo da Vinci bis Picasso. Europa, das ist freie Rede von Voltaire bis Rosa Luxemburg. Jeder, der zwischen Dublin und Athen in Europa aufgewachsen ist, egal wo, weiß, was Europa ist, hat die Einheit in Vielfalt eingeatmet und das europäische Babel genossen, das nichts, aber auch gar nichts mit der gleichförmigen Starbucks-(Un-)Kultur gemein hat, die die USA inzwischen wie Mehltau überzieht. Jeder, der in New York oder Los Angeles ist, findet es vielleicht *great.* Aber jeder, der in Kiew, St. Petersburg oder Moskau ist, weiß, dass er in Europa ist, denn kein Europa ohne Dostojewski, das Bolschoi-Theater oder Tschechow. Europa ist inmitten eines Kulturbruches und die Frage ist, ob das amerikanisierte Europa heute überhaupt noch in der Lage wäre, europäische Künstler-, Film und Sänger-Ikonen wie Wim Wenders, Pier Paolo Pasolini, Claude Chabrol, Edith Piaf, Jacques Brel oder Josef Beuys hervorzubringen. Sie sind Relikte eines kulturellen Europas, das sich verloren hat.

Die europäische Kultur ist über einen mehrere Jahrhunderte dauernden Prozess von der Malerei über die Musik bis hin zur Baukunst zur Weltkultur geworden. Doch diese europäische Kultur wurde im letzten halben Jahrhundert zunehmend von den USA interpretiert. Diese amerikanische Interpretation der europäischen Weltkultur ist stark und gewährleistet die Soft Power der USA, solange sie die einzige ist. Das Potenzial, die amerikanische Interpretation der europäischen Kultur infrage zu stellen, besitzt derzeit nur Russland. Nur Russland verfügt innerhalb des europäischen Kulturraums über genügend staatliche Unabhängigkeit, um auch kulturell einen eigenen Standpunkt zu behaupten. Das daraus hervorgehende intellektuelle und kulturelle Potenzial Russlands stellt eine Vergleichbarkeit her, die die USA vielleicht noch mehr fürchten als die russischen Atomwaffen. Vor diesem Hintergrund ist es verständlich, dass die USA vor allem daran interessiert sind, Russlands staatliche Souveränität zu brechen, bevor aus der Erinnerung an eine kulturelle, russisch-europäische Verbundenheit eine politische Versuchung wird, die Europas Emanzipation beflügeln könnte.

Denn Europa ist die *Republiques des Lettrès*, der Hort des *Geistes,* des *Dritten,* des *tertium non datur*. Allein schon deswegen kann sich Europa politisch, strategisch oder ökonomisch nicht fest zuordnen, kann sich kulturell nicht auf eine Seite stellen, nicht einseitig sein. Es braucht einen Schutzraum zwischen »Chimerica«, ein »Zwischenland«, eine neue Form europäischer Staatlichkeit, die ihm genau die Entfaltung dieser Werte ermöglicht. Diese muss jetzt neu gedacht werden, wenn Europa eine andere Chance haben soll, als zum amerikanisierten Rumpf zu verkommen.

Europa hat tief in seinem Innersten eine EUtopie,[11] die humanistisch, antifaschistisch, antimilitärisch, *inter*-nationalistisch und antikapitalistisch ist. Das spricht aus allen seinen konstitutiven Texten,[12] weil es dieses Europa ist, das immer wieder aus den Trümmern von Nationalismus und kapitalgetriebenem Militarismus entstanden ist. Europa ist mithin die Antithese zu Nationalismus, Militarismus und Kapitalismus. Aber genau diese drei *Ismen* finden, unter amerikanischer Führung, ihre derzeitige Apotheose im Krieg in und um die Ukraine. Nutzen tut dieser Krieg weder der Ukraine noch Europa. Auch nicht Russland, das in diesen Krieg gedrängt wurde. Dieser Krieg dient nur der Waffenindustrie und den USA. Und tendenziell China, das interessiert zuschaut und seine Schlüsse daraus zieht, während es selbst über die Seidenstraße immer tiefer in den europäischen Speckbauch vordringt, ohne dass Europa zurzeit gleichberechtigt am Seidenstraßenprojekt beteiligt wäre. Deswegen muss Europa alles tun, um diesen Krieg sofort zu beenden.

Der europäische Selbstbetrug

Amerikanische Zeitungen diskutieren[13] – im Gegensatz zu europäischen Leitmedien – seit Monaten, dass die USA und nicht »Putin« für diesen Krieg verantwortlich sind.

Selbst amerikanische Militärs fragen sich, wann Europa endlich erwacht und sich aus der amerikanischen Umklammerung beziehungsweise seiner Instrumentalisierung herauslöst.[14] Oskar Lafontaine spricht unumwunden von Europa als »amerikanischem Vasallen«[15]. Ob Erich Vad oder Harald Kujat: Die besten NATO- und Militärexperten des Landes oder Ex-OSZE-Mitarbeiter wie Rüdiger Lüdeking[16] haben Kritik an der einseitigen Strategie der »schweren Waffen« und einem militärischen Sieg vorgebracht und sich gegen die Diffamierung Andersdenkender gewandt. Der mahnende Brief von 28 Intellektuellen wurde im April 2022 mit Empörung weggefegt,[17] selbst ein Alexander Kluge scheint in diesem Land keine Respektsperson mehr zu sein. Stattdessen posiert ein deutscher Bundeskanzler vor Panzern. Eine neue »Nähe« in der deutsch-amerikanischen Sicherheitsgemeinschaft wird propagiert, der Westen lässt im Handstreich das Völkerrecht hinter sich (auf das sich auch Russland berufen könnte)[18] und spricht von einer »regelbasierten Ordnung«, die der Westen demnächst unilateral festlegt. Die deutsche wie die europäische Außenpolitik gleiten vollends in die Welt der USA hinein, die UNO, das Völkerrecht, das Bekenntnis zu Multilateralismus oder zur OSZE/KSE werden abgeschüttelt. In dem Moment, in dem die von der euro-atlantischen Welt seit 1949 gebaute internationale Ordnung des 20. Jahrhunderts nicht mehr zugunsten des »Westens« funktioniert, muss eine neue Ordnung etabliert werden. Aber, so fragte Antje Vollmer in einem klugen Artikel in der *Berliner Zeitung*,[19] wer ist denn dieser »Westen« in Zukunft und ist Europa sich sicher, dass es mit den USA in Zukunft dort nicht allein ist?

Wer die UN-Abstimmungen bezüglich der Ukraine verfolgt hat, konnte bemerken, dass der »Westen« in diesem Krieg keine Gefolgschaft hinter sich hat. Die großen Player – China, Indien – sind nicht im »westlichen Lager«, Afrika sowieso nicht, Lateinamerika ist gerade eher dabei, sich endlich von den USA zu emanzipieren. Nicht einmal Australien oder Neuseeland haben die »westlichen« Sanktionsbeschlüsse gedeckt. Was derzeit in den Leitmedien wie eine große westliche Phalanx für Freiheit und Demokratie verhandelt wird, erweist sich eher als letztes Aufbäumen einer westlich-atlantischen Allianz, von der sich die meisten abgewandt haben – fast alle außer Europa – und die gerade krachend an ihrem eigenen Selbstbetrug scheitert.

Wir sind nicht die Guten

Denn woke Redeverbote, Cancel Culture, Zensur, das Abschalten ausländischer Medienplattformen (etwa Russia Today), Sperrungen von Bankkonten kritischer Medien oder die Löschung kritischer YouTube-Kanäle, digitale und biometrische Überwachung, soziales *Nudging*, Propaganda-gesteuerte Leitmedien, emotionale Kriegsführung gegen die eigene Bevölkerung, Delegitimierung von Protest, Einstieg in den Staatsjournalismus über staatlich geförderte »Medienprojekte«: Das alles ist längst mitten in Europa Usus. Die EU als Speerspitze von *Rule of law*, Europa als tadellose Demokratie, als Leuchtturm für die globale Softpower, diese Zeiten sind vorbei.

Der größte Selbstbetrug ist, dass Europa und seine Gesellschaften es sich so selbstgerecht in ihrer vermeintlich demokratischen Überlegenheit gegenüber Russland eingerichtet haben, dass sie nicht einmal bemerken, mit welchen perfiden Methoden des *umgekehrten Totalitarismus* in Europa schon längst regiert wird: Manipulation, Nötigung und systematische Angsterzeugung im Modus »permanenter Notstandspolitik« (Fabio Vighi). Es müsste langsam jedem klar werden, dass wir uns auch in den westlichen Demokratien nicht mehr in pluralen demokratischen Medienlandschaften befinden, sondern in einem von interessierter Seite gekauften Propagandakrieg, in dem mit lang erforschten CIA-Methoden und sogenanntem *neurological warfare* gearbeitet wird.[20] Die schweren Waffen in der Ukraine sind gleichsam nur eine Art Ablenkung vom eigentlichen Krieg, der gegen die menschliche Intelligenz, vor allem aber auf die menschliche Intuition zielt, und zwar durch emotionale Einwirkung in Form von Bildern von Bergamo bis Mariupol; und mithin auf die Strukturen des menschlichen Gehirns durch Erzeugung von Angst und Panik. In der *neurological warfare* geht es nicht mehr um demokratische Meinungsfindung oder um politische Vernunftsentscheidungen, sondern darum, Menschen zu etwas zu bringen, was sie eigentlich nicht tun wollen – zum Beispiel Krieg zu führen – und auch nicht tun würden, wenn man sie nicht nötigen würde. Weil die Politik gegen das Bauchgefühl weiter Teile der Bevölkerung agiert, muss mit einem nie da gewesenen Aufgebot an politischer Propaganda, Wiederholungen, *Framing* und Kampagnen eine politische Deutungshoheit und Moral im Sinne des Guten erzeugt werden, die nicht hinterfragt werden darf.

Das mediale System, in dem wir die ganzen Krisen und Kriege gesellschaftlich diskutieren wollen, ist längst dysfunktional. In Zeiten, in denen die größten Medienhäuser der Welt – CNN, BBC, WP, NYT, Le Figaro, Google, Facebook oder Twitter – ein Konsortium gebildet haben mit dem Ziel, dass alle dieselbe Information bekommen – offiziell zwecks Bekämpfung von falschen Informationen, faktisch aber zur Verbreitung von ausgesuchten Informationen beziehungsweise Propaganda –, werden zunehmend Deutungshoheiten über Geschehnisse zementiert, die der Realität nicht entsprechen. Die Corona-Politik war eine wichtige Etappe bei dieser fortschreitenden Verdrehung von Tatsachen, eine permanente unkritische Flutung von Falschinformationen, die bis heute nicht aufgelöst ist, beispielsweise mit Blick auf die Wirksamkeit der Impfung oder die Impffolgen.

Im Gegensatz zu den klassischen autoritären Regimen (wie etwa China oder Russland), in denen die Politik die Medien bedient, treiben im Westen die mit BlackRock und Co. verwobenen Medienkonzerne die Politik vor sich her. Diese Einheitsmedien bilden eine völlig undurchsichtige Mauer zwischen Menschen und der Realität, die sogenannte Medienmatrix (Michael Meyen). Ohne in diese Mauer eine Bresche zu brechen, kann keine politische Veränderung erzielt werden, denn solange die Mauer steht, wird die Wirklichkeit gezielt und intentioniert verdreht, um politische Interessen durchzusetzen. Deutsche oder europäische Bürger, lange gewöhnt an funktionierende Medienlandschaften, sind in ihrem Glaubenssystem verfangen, dass dies in ihren westlichen Demokratien nie passieren würde. Dieser gute Glaube aber wird heute zum politischen (Denk-)Gefängnis! Könnte man auch in Europa zugeben, dass man einem Mem aufgesessen ist?

Mit dem neuen Verhaltenskodex zur Bekämpfung von Desinformation wird in der EU gerade eine ausgeklügelte Infrastruktur geschaffen, um Informationen und Meinungskontrolle an private Konzerne auszulagern, die von totalitären Kontrollambitionen nicht weit entfernt sind, was offen zugegeben wird: »Covid war dazu wichtig, weil es die Menschen dazu bringt, biometrische Überwachung zu akzeptieren«, analysiert zum Beispiel Yuval Harari,[21] Wozu ist also der Ukraine-Krieg wichtig? Wozu soll er uns bringen?

Dazu kommt die Delegitimierung von sozialem Protest und gesellschaftlichem Aufruhr. Der Einsatz der Bundeswehr im Landesinnern zur Unterbindung von Unruhen liegt in der Latenz. Schon wird Olaf Scholz gefragt, ob Soldaten auf Bürger schießen würden, derweil Präsident Biden Anfang September 2022 in einer – in den Augen einiger – umstrittenen Rede insinuiert hat, dass alle Regierungskritiker Staatsfeinde sind.[22] Das könnte man bereits als eine Bankrotterklärung der Demokratie westlicher Prägung interpretieren, aber ein Aufschrei blieb bisher aus. Auch in Europa gib es längst eine systematische Verunglimpfung von Kritikern, die zu Staatsfeinden erklärt werden, dazu sogenannte Demokratieförderprogramme, die de facto den Meinungspluralismus überwachen und als demokratisch nur das zulassen, was regierungskonform ist. Karin Pistor hat in *The Code of Capital*[23] wiederum detailliert beschrieben, dass sich meritokratische Eliten längst der demokratischen Gesetzgebung bemächtigt haben: Gesetz wird heute, was das Kapital will, nicht was die Bürger möchten. Das gilt vor allem für Kriegsgesetze. Das alles erfolgt auf so samtenen Pfötchen simulierter Demokratie und unter der aalglatten Oberfläche von unter Konformitätsdruck selbstgleichschaltenden Medien und rechtspositivistischen Pirouetten, dass es nur noch sprachlos macht. Kurz: Die Demokratie wird an allen Enden längst strukturell entkernt, aber ohne dass es auffällt.

Doch die Epigenetik hat gezeigt,[24] dass alle Fakten, Zahlen und Daten der Welt nichts ausrichten können gegen Konditionierungen und Glaubenssysteme. Gegen das westliche Glaubenssystem, dass wir die besten Demokratien und daher immer nur die Guten sind, ist deswegen praktisch nichts auszurichten. »Manchmal wollen die Menschen die Wahrheit nicht hören, denn das würde ihre Illusion zerstören«, sagte Friedrich Nietzsche. Was aber würde passieren, wenn Europa von diesem Glauben abfällt? Wenn Europa verstehen würde, dass es derzeit gerade nicht um die Freiheit oder die Ukraine oder um unsere Werte geht? Sondern nachgerade um deren Verrat? Und dass Partnerschaft mit Russland, nicht Abtrennung von ihm möglicherweise die Lösung ist? Wie könnte das europäische Denken gewendet werden wie eine Omelette in der Pfanne?

Vom Zerfall

Europa zerfällt, vor allem in seinen Denkkulturen und Denkstrukturen. Schon die Corona-Maßnahmen haben zu einer organisierten Zerstörung des Subjekts – der Essenz der europäischen Philosophie – geführt, zum Entzug von Gewohnheiten. Einer Politik des *permanenten Notstandes* wurde alles geopfert, was uns gestern noch recht und lieb war: auf der spirituellen Ebene das *Amor Fati* und jede

Form von Schicksalhaftigkeit, dazu die menschliche Lebendigkeit; unter dem Druck einer frenetischen biopolitischen Agenda der Eid des Hippokrates und das *primum non nocere* als jahrhundertealte ärztliche Prinzipien; obendrauf Demokratie und Rechtsordnung, die Würde des Menschen und der Nürnberger Kodex. Und jetzt, im Ukraine-Krieg, auch noch die wirtschaftliche Vernunft. »Eine stete und zunehmend apokalyptische Beschreibung der Außenwelt produziert den Einschluss des Subjekts in einer konstruierten Realität, und zwar einer Realität, die es erlaubt, über stets neue Notstände eine heroische, kampfbereite Erzählung für die Gesellschaft aufzubauen,«[25] um die herum die moralische Schließung erfolgt: Impfen aus Solidarität, frieren für die Ukraine. Wer nicht mitmacht, ist *rechts.* Eine gesamte Diskurslandschaft steuert auf einen Punkt zu, wo viele lieber unvernünftig sind, denn als rechts gebrandmarkt zu werden. Denn darauf, auf jeden Fall nicht rechts zu sein, wurde man politisch konditioniert. Die Frage ist also, ob wir die Vernunft aufgeben oder die Kategorie *rechts* überdenken.

Zudem wird derzeit eine Politik betrieben, die die systematische Zerstörung des Mittelstands zur Folge hat. Schon die Corona-Maßnahmen haben dafür gesorgt, dass der (nicht industrielle) Mittelstand – Eventagenturen, Kulturbetriebe oder kleine Gewerbe – abgestürzt ist. Innenstädte wurden entvölkert. Die Politik des *restricted damage* entzieht Europa jener wirtschaftlichen und gesellschaftlichen Strukturen, die die parlamentarischen Demokratien der Vergangenheit getragen haben. Der Mittelstand als wirtschaftlicher Unterbau sicherte überall in Europa regionale Vielfalt, soziale Kohäsion und gesellschaftlichen Zusammenhalt. Er ist die Grundlage des europäischen Konzepts von Subsidiarität. Keine Digitalisierungsagenda kann das ersetzen. Die Existenzbedrohung der Bauern, derzeit zu beobachten an den Düngemittelgesetzen in den Niederlanden, der nach derzeitigen Schätzungen wohl rund 30 Prozent der Bauern zum Opfer fallen werden, die quasi durch »Umweltgesetzgebung« enteignet werden, ist eine weitere Facette der Zerstörung jener sozioökonomischen Strukturen, auf denen das kulturelle und geistesgeschichtliche Erbe Europas in all seinen Ausdifferenzierungen beruht, durch die die europäischen Gesellschaftsordnungen erst entstanden sind. Der Krieg in und um die Ukraine ist deswegen nur oberflächlich betrachtet ein *heißer Krieg*, für den tragischerweise das ukrainische Territorium sträflich missbraucht wird. Die Strategie des *restricted damage* ist die erneute Förderung von Konzentrationsbewegungen und Abhängigkeiten von den USA und – wie zuvor schon Corona – der Krieg einer gesellschaftlichen Plutokratie gegen die eigene Bevölkerung: *Das ist ein Krieg zwischen Kapital und Arbeit und wir werden ihn gewinnen*, sagte Warren Buffet schon vor Jahren.

Wo die Politik nicht mehr mit Vernunft regiert, muss Nötigung, notfalls gewaltsam, zum gesellschaftlichen Modus werden. Die sublimierte Militarisierung der Gesellschaft ist voll im Gang: Ein Werbeclip der Bundeswehr zeigt eine Soldatin mit Maschinengewehr vor einem Café, während es in der Tonspur heißt: *»Für sichere Informationen in Deutschland.«*[26] So hatte man sich bisher die Milizen in Bogotá vorgestellt, die gegen die Farc operieren. Die bürgerliche Absetzbewegung hat längst begonnen. Wer Geld hat, bringt es in Sicherheit, außerhalb Europas natürlich. Die anderen richten Landhäuser mit Kamin, Kartoffeln und Brunnen her, *frieren für Kiew* in den Städten will keiner, genauso wenig wie damals, 1940, *mourir pour Danzig*, sterben für Danzig.

Auch verantwortlich fühlt sich niemand mehr im angekündigten *heißen Herbst*, es regiert die grün-woke Verdrängung. Vor allem die Grünen haben sich inzwischen Lichtjahre von dem entfernt, was einmal ihre Partei ausgemacht hat: Wo ist eigentlich die europäische Friedensbewegung, die vor allem sie hätten organisieren müssen? Anstatt politisch umzusteuern und absurde Entscheidungen zu korrigieren, stolpert die Ampel von einer kopf- und konzeptlosen Maßnahme zur anderen, werden Duschanweisungen gegeben und Energiezuschüsse für die sozial Schwachen beschlossen, anstatt Atomkraftwerke (wenigstens vorübergehend) wieder ans Netz zu nehmen oder – im Rahmen von gleichzeitig anberaumten Friedensverhandlungen – *Nord Stream 2* in Betrieb zu nehmen. Wo politische Grundsätze – zum Beispiel, Schaden vom deutschen Volke abzuwenden – aufgrund hochgradig ideologisierter Vorstellungen nicht eingehalten werden,[27] müssen die größten Irrationalitäten als soziale Segnungen verkauft werden. Das marktwirtschaftliche Fundament der Gesellschaft wird auf dem Altar der Kriegsverblendung geopfert, derweil die Kriegsgewinnler an der Börse Party machen.

Den europäischen Regierungen – Macron ohne Parlamentsmehrheit, Italien bedroht vom Protofaschismus, die deutsche »Ampel« kopflos -- mutet ein Hauch von Brüning an. Wer sich derzeit mit offenen Augen in Europa umschaut, dem kann ob der gesellschaftlichen Zersetzungserscheinungen nur noch angst und bange werden. Jeder kann die gesellschaftliche, soziale und wirtschaftliche Unruhe spüren, die Aggression der einen, den Rückzug ins Private der anderen, die allgemeine Sprachlosigkeit, die Dinge, die alle fühlen, zu benennen. Wie sicher sind wir, dass es friedlich bleibt? Dass aus *den* Russen morgen nicht wieder *die* Polen oder *die* Franzosen werden? Nationalismus und Populismus gären schon seit Jahren überall in Europa, im Osten addiert sich Protofaschismus dazu, im Westen Regionalismus, Separatismus, polarisierte Gesellschaften, Gelbwesten in Frankreich und soziale Unruhen überall. Von Bürgerkrieg ist inzwischen öfter die Rede; dass sich im Herbst eine politische Entladung in Europa zusammenbraut, scheint gesetzt. Wie dick oder dünn ist dann der Lack der europäischen Zivilität?

Vor allem: Die Diskussionskultur, die vielleicht größte Errungenschaft der europäischen Zivilität, ist komplett verloren gegangen. Das Sokratische »*Ist das so?*« der permanenten kritischen Infragestellung ist ebenso weg wie Hans- Georg Gadamers Voraussetzung für jede Diskussion, nämlich dass der *andere* grundsätzlich recht, zumindest aber berechtigte Interessen haben könnte, in diesem Fall Russland. Längst dominieren Ausgrenzung, Hate Speech, Stigmatisierung und Angriffe ad personam, wo die Argumente fehlen. Ein inzwischen hochgradig ideologisiertes Europa hat durch Moral, Empörungskultur und neuerdings Patriotismus alle Prinzipien der Aufklärung wie Vernunft, Rationalität und Mäßigung verspielt. Wie wollen wir noch gepflegt darüber diskutieren, was wir auf dem europäischen Kontinent zusammen machen wollen? Ist es überhaupt noch erlaubt, Russland zu verstehen, Versöhnung anzubieten, von Europa zu träumen?

Endlich das Eigentliche diskutieren

Wie könnte ein Zustand hergestellt werden, in dem Europa sich wieder auf Russland einlässt, anstatt besinnungslos einer Propagandamaschinerie zu folgen? Wie könnte eine neue Bereitschaft geschaffen werden, Russland jenseits der leitmedialen Matrix überhaupt wieder kennenlernen? Was wissen wir wirklich über Russland, seine Ziele, seine Interessen und Hoffnungen, seine (macht-)politischen Ambitionen jenseits des hier beschriebenen Informationskriegs? Wären wir überhaupt noch bereit zu erkunden, was Russland Europa vielleicht zu bieten hätte? Bereit zu explorieren, ob Europa zusammen mit Russland perspektivisch eine föderalstaatliche Struktur auf dem Kontinent aufbauen könnte, die Europa tatsächlich Einheit, Friede und Prosperität sichert? Sicher ist nur, dass in den letzten dreißig Jahren, also unter amerikanischer Dominanz in Europa, weder eine europäische Einheit noch eine konföderale Partnerschaft und Sicherheit mit Russland zustande gekommen sind und Europa auf ein Rumpf-Dasein zusteuert. Europa ist mit dieser Politik im *dead end.* Warum nicht einmal in die andere Richtung schauen?

Fangen wir also an, *ohne Geländer* zu denken, was wir uns für Europa wünschen: Europa möchte Frieden. Europa möchte kein Rumpf sein. Europa möchte nicht in den Zangengriff von »Chimerica« geraten. Europa möchte politische Einheit und Souveränität. Europa möchte auf dem eurasischen Kontinent mit den ältesten Kulturen der Welt – Indien, Persien, China – friedlich zusammenleben und eine kooperative, kontinentale, föderale Ordnung gestalten. Europa möchte nicht von wichtigen Rohstoffen der eurasischen Landmasse abgeschnitten sein und eine ebenso nachhaltige wie soziale Wirtschaftsstruktur.

Aus diesen Wünschen ergibt sich die Frage, welche Form von europäischer Staatlichkeit diesen europäischen Wesenskern schützen kann. Gesucht wird eine Form von Staatlichkeit, die die europäischen Regionen in ihrer kulturellen Vielfalt belässt, sie vor neoliberaler Globalisierung und globalen Konzentrationsbewegungen schützt und die den Mittelstand und das europäische Sozialmodell, zwei Alleinstellungsmerkmale europäischer Wirtschaftskultur, bewahrt. Ein Leben in kleinen, autonomen, selbstverwalteten Regionen mit kultureller Eigenständigkeit und sozialem Ausgleich ist der Wunsch der meisten Europäer.[28] Subsidiarität und Kohäsion sind die Stichworte dafür.

Die Schlüsselbegriffe: Nation, Staat, Souveränität

Wer ein solches Europa fördern möchte, muss die Schlüsselbegriffe herkömmlicher Europadebatten, vor allem die nationalstaatliche Souveränität, infrage stellen, über europäische Souveränität diskutieren und diese bei den europäischen Bürgern verorten. Apropos war es Emmanuel Macron, der in seinen berühmten Europareden an der Sorbonne, unter der Akropolis oder bei der Karlspreisverleihung 2018, auf die er nie eine adäquate deutsche Antwort bekommen hat, den Begriff der *europäischen Souveränität* immer wieder bemüht hat.[29]

Stellen wir uns also nur eine Sekunde hypothetisch vor, Europa hätte heute, im Jahr 2022, seine beiden politischen

Ziele von 1989 erreicht: Es gäbe eine politische Union Europa und eine Konföderation mit Russland. Im Rahmen der politischen Union wäre der Zwist zwischen Staatenbund und Bundesstaat überwunden. Rund 500 Millionen Europäer hätten auf der Grundlage gleicher Bürgerrechte, also auf dem Prinzip *eine Person, eine Stimme*, eine Europäische Republik begründet und würden von Lissabon bis Riga gleiche Sozialrechte genießen, zum Beispiel eine europäische Arbeitslosenversicherung. Eine europäische Finanzverfassung würde soziale Kohäsion in Europa garantieren. Alle europäischen Länder wären im Euro. Es gäbe Europäische Staatsanleihen. China hätte die Hälfte seiner Währungsreserven in Eurobonds angelegt, statt in US-Dollar. Die politische Repräsentation der europäischen Bürger fände ausschließlich über das Europäische Parlament ohne die nationalen Blockaden des EU-Rates statt. Weitgehend autonome Regionen – Elsass, Tirol, Böhmen, das Rheinland, das ehemalige Galizien oder Katalonien – wären in einem europäischen Senat organsiert als zweite Kammer, im Sinne kleiner, autonomer, dezentraler und damit flexibler Strukturen, über die eine europäische Staatlichkeit eine schützende Hand legt. Niemand verlöre Identität, Herkunft oder regionale Kultur.[30] Konsequenterweise hätte die EU – wäre sie eine Europäische Republik – eine Regierung und nicht nur eine Kommission und mithin eine einheitliche Klima-, Flüchtlings-, Steuer- oder Außenpolitik. Kurz: Europa wäre ein handlungsfähiger Staat, der seine mittelständischen Industrien schützen könnte. Wohlgemerkt: Es geht nicht um eine zentralisierte EU oder, wie es oft plakativ heißt, »die Abschaffung der Nationalstaaten«, sondern im Gegenteil um dezentrale, föderale Strukturen, eingebettet in eine neue Form europäischer Staatlichkeit, mit neuen Formen der Bürgerbeteiligung. Die Europäische Republik wäre kein *Superstaat*, kein Agent der Globalisierung, sondern lediglich ein funktionierender, souveräner Staat mit wirtschaftspolitischem Gestaltungsspielraum, in dem gesamteuropäische, parlamentarische Mehrheiten entscheiden, die nicht durch nationalstaatliche Blockaden hintertrieben werden. Die Probleme der EU heute (Streit in der Klimapolitik, unkoordinierte Asyl- und Flüchtlingspolitik, Populismus als Opposition gegen die »Technokratie« des EU-Systems, außenpolitische Handlungsunfähigkeit) wären gelöst. Eine föderale Kooperation mit Russland würde die Ressourcen für die europäische Wirtschaft sicherstellen.

Ein Europäischer Staat?

Wer das für Spinnerei hält, der möge ins Koalitionsprogramm schauen. Dort steht, dass sich die aktuelle deutsche Regierung zur Schaffung eines föderalen europäischen Bundestaates bekennt, der perspektivisch aus der EU-Zukunftskonferenz hervorgehen soll, die im Mai 2022 zu Ende gegangen ist:

»Die Konferenz zur Zukunft Europas nutzen wir für Reformen. Erforderliche Vertragsänderungen unterstützen wir. Die Konferenz sollte in einen verfassungsgebenden Konvent münden und zur Weiterentwicklung zu einem föderalen europäischen Bundesstaat führen, der dezentral auch nach den Grundsätzen der Subsidiarität und Verhältnismäßigkeit organisiert ist und die Grundrechtecharta zur Grundlage hat.«[31]

Nichts wäre dringlicher, als sich dieses Koalitionsbeschlusses endlich anzunehmen und eine Zäsur vorzubereiten, die Europa wieder zu seinen Zielen von 1989 zurückbringt. Die Rede von Olaf Scholz in Prag am 29. August 2022, in der er radikale Reformen für die EU forderte,[32] lassen zumindest vermuten, dass Scholz die hehren europäischen Ziele seiner Koalition nicht ganz vergessen hat.

Der europäische Moment im 21. Jahrhundert wäre dann genau das: der Friedensschluss der Ukraine wird gekoppelt an eine Europäische Staatsgründung und eine kooperative, föderale Friedensordnung mit Russland. Anstatt für eine national geeinte Ukraine zu kämpfen oder Waffen zu liefern überwindet Europa endlich den kulturell homogen gedachten Nationalstaat, denn dazu ist es seinem Wesen nach 1945 angetreten. Alle Nationen und Völker Europas könnten stattdessen in eine europäische Staatlichkeit eingebettet werden, wie es dem Kleid der Europa in der Buchmitte entspricht. Die Nation bleibt, die Staatlichkeit wird europäisch! Es geht nicht darum, europäisches Recht *über* nationales Recht zu stellen, sondern den politischen Raum und den rechtlichen Raum kongruent zu machen. Dazu könnten gedankliche Konzepte herangezogen werden, die die Nation nicht primär als identitären, sondern als einheitlichen sozialen Raum definieren.[33] Europa könnte ein solcher Raum werden. Soziale und rechtliche Gleichheit für alle europäischen Bürger, aber unterschiedliche Herkünfte und Identitäten, beides garantiert durch eine föderale europäische Staatlichkeit, so könnte die Zukunft Europas im 21. Jahrhundert aussehen!

Nicht nur die Ukraine, sondern ganz Europa würde zudem neutral, um eine Kooperation mit Russland zu ermöglichen. Alle europäischen Staaten würden zudem aus der NATO austreten, die unter anderem Emmanuel Macron bereits als »hirntot« bezeichnet hatte, bevor der Krieg in der Ukraine die NATO-Abhängigkeit Europas erneut befördert hat. Die neue kontinentale Sicherheit würde durch einen europäisch-russischen Vertrag garantiert und von der OSZE abgesichert, der die außen- und sicherheitspolitischen Interessen von Europa und Russland mit Fragen der Handelspolitik und der Energiesicherheit verbindet.

Der eurasische Kontinent ist in gewisser Weise das Herz der Welt, auch weil dort zwei Drittel aller Bodenschätze sowie zwei Drittel der Weltbevölkerung beheimatet sind, weswegen Parag Khanna ihn schon vor Jahren als »Zweite Welt« bezeichnet hat.[34] Diese zweite Welt wiederzufinden, zu erfinden, aufzubauen und zu organisieren ist die europäische Aufgabe im 21. Jahrhundert! Die USA hingegen wollen verhindern, dass in Eurasien eine Zentrums- oder Mittelmacht entsteht, die wirtschaftlich und energiepolitisch autark ist, aus deren Zentrum heraus Bündnissysteme aufgebaut werden könnten. Dies umso mehr, als dass die US-amerikanische Wirtschaft in den letzten Jahrzehnten vor allem als Finanzwirtschaft gewachsen ist. Im Zuge dessen sind enorme Schuldenberge entstanden, die nur bedient werden können, wenn die USA sich dafür Ressourcen oder wirtschaftlichen Zugriff auf andere Teile der Welt verschaffen können. Das ist genau jene Politik des *restricted damage,* die auch einem Rumpf-Europa blühen dürfte.

Die EU-Zukunftskonferenz

Das demokratische, souveräne Europa im 21. Jahrhundert wird also nicht auf Nationen, sondern auf gleichen Bürgerrechten begründet, die von einer europäischen Staatlichkeit garantiert werden; sowie auf Souveränitätskonzepten, die auf eine stärkere Teilhabe der Bürger in europäischen Entscheidungen zielen. Europa von den Bürgern her zu denken ist derzeit *state of the art* in den Europawissenschaften.[35] Die Entscheidung, ukrainischen Flüchtlingen in Deutschland soziale Anspruchsrechte nach Hartz IV zu gewähren, ist eigentlich schon ein Vorbote davon, bei Bürgerrechten nicht mehr nach Nationalität zu differenzieren, ebenso wenig wie bei den Waren im europäischen Binnenmarkt nach Nationalität unterschieden wird. Mehr denn je geht es um die Rechtsgleichheit der europäischen Bürger und ihr politisches Gewicht in der Entscheidungsfindung. Die Bankenkrise war auch die Geburtsstunde einer europäischen Zivilgesellschaft, die sich zum ersten Mal länderübergreifend solidarisiert hat.[36] Die Debatte über ein *anderes* Europa hat seitdem an Fahrt aufgenommen.[37] Aus europäischer *Integration*, dem 70-jährigen Konzept der EU des letzten Jahrhunderts, bei der die *Staaten* die wesentlichen Akteure waren, wurde in den letzten Jahren die Forderung nach einer europäischen *Demokratie*,[38] bei der die *Bürger* die zentralen Akteure sind. Ein Paradigmenwechsel! In Europa ging es auf einmal nicht mehr um nationalstaatliche Interessen, sondern um die *gleichen* Rechte europäischer Bürger, die eine einheitliche politische Repräsentation und soziale Gleichheit, zum Beispiel eine europäische Arbeitslosenversicherung, einforderten und sich in ihren Rechten nicht mehr nationalstaatlich gegeneinander ausspielen lassen wollten.[39]

Passenderweise wurden zwischen April 2021 und Mai 2022 in verschiedenen repräsentativen Bürgerforen im Rahmen einer »EU-Zukunftskonferenz« 49 Vorschläge für Europa erarbeitet, die diesem Paradigmenwechsel genau entsprechen,[40] thematisch gegliedert in die Bereiche Klimawandel und Umwelt; Gesundheit; eine stärkere Wirtschaft, soziale Gerechtigkeit und Beschäftigung; die EU in der Welt; Werte und Rechte, Rechtsstaatlichkeit, Sicherheit; digitaler Wandel; Demokratie in Europa; Migration; Bildung, Kultur sowie Jugend und Sport.

Die Ergebnisse Hunderter zivilgesellschaftlicher Veranstaltungen, organisiert in allen EU-Mitgliedstaaten auf lokaler, regionaler und nationaler Ebene, sind in den Abschlussbericht der EU-Zukunftskonferenz eingeflossen. Sie wurden über Arbeitsgruppen in verschiedenen »Plenarversammlungen« mit den EU-Institutionen zusammengeführt. Europa hat gerade eine wahrhaft exemplarische Übung in partizipativer Demokratie hinter sich!

Diese Bürgervorschläge sind zwar kein konsistentes Reformpaket, aber erstaunlich weitreichend.[41] Die europäischen Bürger wünschen sich mehr partizipative Demokratie in Europa und die Abschaffung der nationalen Vetos. Der erwähnte paradigmatische Wechsel ist sichtbar: Es gibt ein klares Mandat für ein Europa, das auf Solidarität, sozialer Gerechtigkeit und bürgerlicher Gleichheit beruht. In der Tat ist es ein großes Anliegen der befragten europäischen Bürger, gleiche Bedingungen und Rechte in verschiedenen Lebensbereichen, zum Beispiel der Gesundheitspolitik, vorzufinden. Dazu geht es um progressive Dinge wie etwa einen EU-Rahmen für Mindesteinkommensregelungen und menschenwürdige Sozialwohnungen und vieles andere mehr.

Ob die Bürgervorschläge der EU-Zukunftskonferenz jetzt in einen europäischen Konvent münden sollen, der dann möglicherweise eine Vertragsreform nach Art. 48 EUV nach sich ziehen könnte, wird derzeit diskutiert. Das Europäische Parlament ist dafür, der Europäische Rat – also die EU-Staaten – eher nicht. Auch die Bundesaußenministerin ist eher skeptisch mit Blick auf einen Konvent, trotz gegenteiliger Absichten im Koalitionsvertrag![42] Immerhin hat sich kürzlich auch Ursula von der Leyen für einen Konvent ausgesprochen.[43] Genau dieser Zustand beschreibt das sogenannte Demokratiedefizit der EU, nämlich dass die Staaten im EU-Rat genau das das blockieren, was die europäischen Bürger sich eigentlich wünschen. Demokratie in Europa müsste im 21. Jahrhundert anders aussehen!

Die europäischen Bürgerrechte könnten auf alle erweitert werden, die sie wollen: die Ukraine, den Balkan, Moldawien oder auch Georgien, alle die, die vom Kleid der Europa umfasst werden. Allerdings dürfte daraus keine neue Konkurrenz erwachsen, wie sie die amerikanische Democracy Promotion ausgelöst hatte. In Europa ginge es nicht mehr um Beitritte von (National-)Staaten, sondern um ein regionales Verbundsystem, den Aufbau einer veritablen, transnationalen, bürgerbasierten, föderalen Demokratie. Um im Osten Europas den Gedanken einer Konkurrenz um Einflusszonen nicht aufkommen zu lassen, könnte diese an Regionen gekoppelte Demokratisierung in der Europäischen Union und in der von Russland in den letzten Jahren gegründeten Eurasischen Union parallel und in verschiedener Weise stattfinden und später in einer kontinentalen Konföderation locker verbunden werden. Es ginge also genau um das, was Europa seit dem Manifest von Ventotene von 1941, entsprungen aus den Erfahrungen der beiden Weltkriege, immer sein wollte und in dem Russland ausdrücklich mitgedacht wurde: »Die erste Aufgabe, die angepackt werden muss, und ohne deren Lösung jeglicher Fortschritt auf dem Papier bleibt, ist die endgültige Beseitigung der Grenzen, die Europa in souveräne Staaten aufteilen.«[44]

Der Ukraine-Krieg als europäische Katharsis

Der Krieg in der Ukraine könnte mithin zum historischen Auslöser werden, Europa tatsächlich neu zu denken, *staatlich*, aber nicht *nationalstaatlich*, von einer europäischen Bürgerschaft her. Denn was für die Ukraine gilt, gilt auch für Europa. Genau wie sich die heutige Ukraine aus dem ehemaligen Galizien, dem Donbass und der Krim zusammensetzt, die föderal organsiert werden sollten, anstatt sich in Richtung einer nationalen Zentralregierung zu entwickeln, so setzen sich auch die meisten westeuropäischen Staaten aus mehr oder weniger unabhängigen, autochthonen Regionen zusammen, vom Elsass über das Rheinland bis nach Apulien oder Schlesien. Nationalstaatliche Strukturen werden auch in EU-Europa durch regionale Bewegungen herausgefordert. Schottland, Korsika oder Katalonien sind nur die aktuellen Beispiele. Regionen und Städte – Barcelona, Wien oder Hamburg – haben, zusammen mit grenzüberschreitenden Kooperationsräumen, wie etwa dem Alpenraum, dem baltischen Raum oder dem Schwarzmeerraum – sowohl wirtschaftlich wie kulturell das klassische Konzept des Nationalstaates als Einheit längst gesprengt, wenngleich er in absehbarer Zeit nicht gänzlich verschwinden dürfte und nach wir vor in bestimmten Bereichen unersetzbar ist, z. B. zur Durchsetzung des legitimen Gewaltmonopols oder als (Verwaltungs-)Einheit für den Zugang zu sozialen Rechten. Doch mehr denn je muss Europa in autonomen, kulturell und sprachlich eigenständigen Räumen gedacht werden, die ineinandergreifen, was dazu führen wird, dass immer wieder auch in (sozial-)staatlichen Angelegenheiten die Grenzen des Nationalstaates überschritten werden.[45] Eventuell könnte dieses Konzept auch auf die Russische Föderation übertragen werden. Dies müsste aber im Dialog mit Russland geschehen, wobei die EU lernen müsste, den dortigen Gesellschaften die Entscheidung ohne Einflussnahme zu überlassen. Regionalisierung im Rheinland bedeutet etwas anders als am Polarmeer oder in den Weiten Sibiriens. Deshalb wäre zu prüfen, ob die EU nicht auch etwas von Russland lernen könnte. Insbesondere was das friedliche Zusammenleben unterschiedlichster Religionen und Kulturen angeht, verfügt der Vielvölkerstaat Russland gegenüber der EU über einen enormen Erfahrungsvorsprung. In der russischen Stadt Kasan beispielsweise leben Moslems und Christen seit Jahrhunderten friedlich nebeneinander, was auch daran liegt, dass innerhalb Russlands ein säkularer Islam existiert.

Hierin liegt der Wegweiser zu einer neuen kontinentalen Ordnung, in der auch das alte Galizien, der Donbass und die Krim jeweils auf ihre Art gedeihen könnten, überwölbt von einer europäischen Konföderation. Denn niemand wäre in nüchternem Zustand ohne die kriegsbedingte Emphase auch nur eine Sekunde auf den Gedanken gekommen, die Ukraine könne in ihrem jetzigen Zustand als Nationalstaat der EU beitreten, selbst wenn das medienwirksam abgegebene Versprechen von Frau von der Leyen zunächst nur symbolischen Charakter hat. Es geht in der nächsten Erweiterungsrunde nicht nur um die Ukraine, sondern auch um die Balkan-Staaten oder die Türkei, die seit rund zwanzig Jahren entweder schon mit der EU verhandeln oder assoziiert sind. Die EU kann diese Staaten, das hat auch Olaf Scholz in seiner Grundsatzrede in Prag betont, unmöglich zu bestehenden institutionellen Bedingungen in die EU aufnehmen, die dann über dreißig Staaten zählen und mithin in einer Totalblockade versinken würde.

Wenn Erweiterung und Vertiefung Europas wieder zusammengedacht werden sollen und europäische Souveränität vom Bürger aus gedacht wird, dann geht es nicht mehr um EU-Beitritte von Staaten, sondern nur noch um die Ausgestaltung einer europäischen Demokratie, ausgehend von einer gleichberechtigten europäischen Bürgerschaft jenseits von nationalen Grenzen. Und das führt unmittelbar zurück zu den beiden Zeilen, die Europa 1989 hatte: Für eine europäische Demokratie und gleiche Bürgerrechte braucht es jenen föderalen europäischen Bundestaat, von dem im Koalitionsprogramm die Rede ist und der in Maastricht 1992 schon auf den Weg gebracht werden wollte. Und für die europäische Erweiterungsagenda braucht es die komplette politische Reorganisation des einstigen *Cordon Sanitaire*, jener territorialen Pufferzone zwischen Europa und Russland, wenn *die* Europa den bevorstehenden Schnitt in ihren Leib vom Baltikum zum Schwarzen Meer nicht akzeptieren möchte.

Der *Cordon Sanitaire* war – wie eingangs erwähnt – nie in klaren nationalen Grenzen organsiert. Eine politische Reorganisation, die allen autochthonen, autonomen, sprachlich und kulturell verschiedenen Einheiten vom Donbass bis Abchasien ihre regionale Eigenständigkeit gewähren würde, lässt sich nur im Rahmen einer kooperativen, föderalen Ordnung zusammen mit Russland erzielen. Genau das war das zweite Ziel Europas von 1989.

Der aktuelle Krieg, geführt um eine historisch geradezu absurde territoriale Integrität der Ukraine, könnte also dafür genutzt werden, Europas überfällige Loslösung von seinen nationalstaatlichen Konturen zu befördern, die seit 1989 das Versprechen war. So besehen wäre der Krieg in der Ukraine die Möglichkeit für eine wahre europäische Katharsis, nämlich zu sich selbst zu finden – wenn Europa bereit ist, seine Denkrichtung zu ändern.

Denn Souveränität heißt heute eben nicht mehr *nationalstaatliche* Souveränität, die in Europa oft genug gewaltsam über Kriege und genau jene Einverleibung von Regionen etabliert wurde, wie es auch heute im Ukraine-Krieg die zentrale Frage ist. Sondern Souveränität heißt heute vor allem die Wiederinbesitznahme des eigenen Landes, die Sicherung lokaler Nahrung und Energie, die regionale Gestaltung von Autonomie, die Durchbrechung von Globalisierung und Abhängigkeitsstrukturen, die Herausnahme aus globalen Konzentrationsbewegungen, die kooperative Gestaltung des überschaubaren *Eigenen*. Und das geht innerhalb kleiner Einheiten, geschützt durch eine gemeinsame europäische Staatlichkeit, viel besser. Wirtschaftlich und energiepolitisch könnte eine föderale Europäische Republik eine Kooperation mit dem Vielvölkerstaat Russland eingehen, das als Föderation ebenfalls seit Jahrzehnten ein Gespür für die Unabhängigkeit von unterschiedlichen Kulturen, Regionen und Sprachräumen hat. Die indigenen Völker Sibiriens zum Beispiel konnten ihre Selbstständigkeit lange bewahren. So könnte man den gesamten europäischen Kontinent als Einheit in Vielfalt denken: ein europäischer Staat neben einem russischen Staat, überwölbt von einer kontinentalen Föderation. Europäischer Staat und Russische Föderation würden einander bedingen, denn die so gestalteten, weitgehend autonomen regional verwobenen europäischen Räume würden für ihre Prosperität der Kooperation mit Russland und seinen Ressourcen bedürfen. Souveränität hieße dann weitgehende Unabhängigkeit durch territoriale Autarkie im Kleinen, eingebettet in eine neue Form moderner europäischer Staatlichkeit, die in Resonanz mit der europäischen Geschichte steht.

Die europäische Debatte von morgen wird nicht mehr entlang der alten Diskussionslinien Nationalstaat versus EU geführt, also über Nationalstaaten, die mal mehr, mal weniger in der EU zusammenarbeiten oder sie eben blockieren. Das war das 20. Jahrhundert. Sie wird darüber geführt, ob Europa es schafft, autonome sozioökonomische Strukturen in einem regionalen Verbundsystem zu erhalten und zu sichern, die es überhaupt erlauben würden, dass Europa seine vielfältige gesellschaftliche und kulturelle Ordnung erhält. Dieses Europa könnte auch an den Reichtum seiner Kunst- und Ideengeschichte ganz anders anknüpfen, als es das transatlantische Europa vermochte. Von der Renaissance und dem Humanismus bis zur Aufklärung bieten sich für das zukünftige Europa zahlreiche Erinnerungsorte, die einem neuen Europa Identität, Tiefe und Lebendigkeit verleihen könnten. Die autonome europäische Kunst stellt ein besonderes Kulturmerkmal Europas dar – ohne dass hier die problematischen Aspekte der postkolonialen Debatte übersehen werden sollen. Doch die europäische Kunst hat von der Renaissance bis ins frühe 20. Jahrhundert wirklich Autonomie erlangt. Dadurch standen in Europa andere Möglichkeiten bereit, der *conditio humana* Ausdruck zu verleihen. Ein Europa, das wieder anknüpfen könnte an die Kunst und den Geist der Renaissance würde mühelos eine Brücke nach Russland bauen können. Denn Russland hat im 18. und 19. Jahrhundert insbesondere über die Literatur, Musik und die Philosophie seine Zugehörigkeit zu Europa gesucht und gefunden.

Kann es gelingen?

Niemand sagt, dass eine solche kolossale politische, geostrategische und kulturelle Umsteuerung des bisherigen Denkens in Europa leicht wäre. Die Pfadabhängigkeiten sind enorm. Doch bevor es darum geht, politisch, ökonomisch oder strategisch zu deklinieren, was geht und was nicht, was eine Kosten-Nutzen-Analyse wäre, wie groß die politische Herkules-Aufgabe aussähe oder wie lange sie dauern würde, muss eine andere Option überhaupt aufgezeigt und in den Bereich des *Denkbaren* geholt werden. Das war der Versuch dieses Essay, nämlich jenseits der wirren, verflachenden und stets im Unmittelbaren verhafteten

Kriegsberichterstattung, in der jede überstützte Entscheidung stets die neue, vermeintlich alternativlose Katastrophe bewirkt, einfach einmal *ganz anders zu denken*. Es gilt zu fragen, ob es für Europa nicht ganz grundsätzlich andere Möglichkeiten gibt, mit dem Krieg in der Ukraine umzugehen, als sich Hals über Kopf in amerikanische Hände zu werfen: nämlich die, den Krieg in und um die Ukraine als Katalysator zu nehmen, um alles zu überdenken, was in den letzten Jahrzehnten an europäischer Entwicklung schiefgelaufen ist. Und sich dabei an den Wesenskerns Europas – nämlich ein föderales Friedensprojekt zur Überwindung der Nationalstaaten zu sein – zu erinnern. Und an die Karte von sich selbst, an *die* Europa von 1534 und daran, was sie uns sagen möchte. Bis zum 500. Geburtstag dieser Karte wären noch ein paar Jahre Zeit, sich an die Heilung *der* Europa zu machen, diese wieder ganz werden und wieder mit den Füßen auf dem russischen Boden stehen zu lassen.

***

Anmerkungen

Vorwort

1. Theodor W. Adorno, Der Essay als Form, in: Noten zur Literatur, Frankfurt a. Main 1997, S. 25
2. Ebenda, S. 10
3. Ebenda, S. 10

Der europäische »Horror Vacui«

1. Mirror: »British Soldiers told to get ready for war against Russia and prepare loved ones«, https://www.mirror.co.uk/news/uk-news/british-soldiers-told-ready-war-27791322
2. The Independent: Liz Truss says she's ready to hit nuclear button if necessary, https://www.independent.co.uk/news/uk/politics/liz-truss-nuclear-button-ready-b2151614.html
3. »In schwierigen Zeiten den transatlantischen Moment nutzen – unsere gemeinsame Verantwortung in einem neuen globalen Umfeld.« Rede von Außenministerin Annalena Baerbock an der New School, New York, https://www.auswaertiges-amt.de/de/newsroom/baerbock-den-transatlantischen-moment-nutzen/2545656 vgl. auch Jens Berger, Annalena Baerbock – die Größenwahnsinnige, Nachdenkseiten, 3. August 2022, https://www.nachdenkseiten.de/?p=86554
4. Peter Scholl-Latour im Gespräch mit Torsten Heuer über die Ukraine 2014, https://t.co/JZK7tTbEfZ
5. So schon Scholl-Latour, Russland im Zangengriff – Putins Imperium zwischen Nato, China und Islam, Berlin 2007 S. 386; als YouTube-Video https://youtu.be/2DstVufWpRg; sowie Maria Huber im Interview mit Uwe Krüger, »Demokratisierung ist eher ein Kollateralnutzen«, Telepolis, 31. Juli 2014, https://www.heise.de/tp/features/Demokratisierung-ist-eher-ein-Kollateralnutzen 3366590.html

6. So z. B. Armin Nassehin, Die Rückkehr des Feindes, in: ZEIT, 25. Februar 2022
7. Die zehn Prinzipien der Kriegspropaganda. https://de.wikipedia.org/wiki/Die_Prinzipien_der_Kriegspropaganda
8. »Es wiederholt sich«, Der Psychiater Raphael Bonelli analysiert die Psychodynamik der Kriegshetzer und zieht einen Vergleich der Kriegshetzer mit 1914, https://m.youtube.com/watch?v=srA5RXADEA86feature=share
9. Der ukrainische Armeegeneral Sergeij Kriwonos (Генерал ВСУ Сергей Кривонос) hat kürzlich im ukrainischen Fernsehen erklärt, dass die Ukraine enorme Verluste erleidet. Er spricht von Zehntausenden, Hunderttausenden gestorbenen Soldaten seit Kriegsbeginn. 3. September 2022, https://www.youtube.com/watch?v=pFj9rTeRrWE&t=10s
10. Scott Ritter: Getting it Wrong on Ukraine, Consortium News, 1. Sep. 2022
11. Vgl. dazu https://www.heise.de/tp/features/Cognitive-Warfare-die-Nato-und-das-gehackte-Individuum-7162205.html?seite=all
12. In anderen Erdteilen, die nicht mit einer EU-Friedenserzählung gesegnet waren, haben seit 1949 über 500 Kriege stattgefunden.
13. Interview von Marcus Klöckner mit dem Schwimmer Marco Heinrichs: »Hinter vorgehaltener Hand gab es immer wieder Stimmen, dass es knallen wird«, Nachdenkseiten, 12. August 2022, https://www.nachdenkseiten.de/?gastautor=marcus-kloeckner
14. Man kann von Gerhard Schöder halten, was man will, aber wenn er als einer der wenigen, der noch mit Putin spricht, aus Moskau zurück kommt mit den Worten: »Der Kreml will verhandeln«, könnte man das auch ernst nehmen.
15. Francis Fukuyama, The End of History and the last Man, Free Press, 1992
16. Pankaij Mishra, Das Zeitalter des Zorns. Eine Geschichte der Gegenwart, Berlin: Fischer, 2017 (4. Aufl.)
17. Régis Debray, L'Europe Fantôme, Tracts Gallimards, No. 1, Février 2019
18. Dazu ausführlich Wolfgang Streeck, »Europe after Ukraine«, in: American Affairs, Summer 2022, Vol. VI, Number 2, https://americanaffairsjournal.org/2022/05/the-eu-after-ukaine/ sowie ders., Return of the King, 4. May 2022, in: Sidecar, https://newleftrevieworg/sidecar/posts/return-of-the-king
19. Ivan Krastev, Europadämmerung, Ein Essay, Berlin: Edition Suhrkamp, 2017 und Hannes Hofbauer, Europa, ein Nachruf, Wien: Promedia 2020
20. Die US-Regierung hatte sich mit Telefonaten mit der Türkei in die Beitrittsverhandlungen eingeschaltet. Die damalige amerikanische Außenministerin Condoleezza Rice versicherte Erdogan, dass das EU-Verhandlungsmandat keine Auswirkungen auf die NATO hat, vgl. Handelblatt 03.10.2005
21. Robert Kagan: Macht und Ohnmacht. Amerika und Europa in der neuen Weltordnung, Berlin: Siedler, 2003

22. Across the Atlantic and the Political Aisle: The Double Divide in US- European Relations Ronald Asmus, Philip P. Everts and Pierangelo Isernia, Washington: German Marshall Fund 2004, Tabelle S. 6, 2002
23. Man müsste genauer definieren und historisch bestimmen, ob und wann es diese europäische Selbstständigkeit je gegeben hat. Aber vor 1914, dem Eingreifen der USA in den Ersten Weltkrieg und der Erklärung von Woodrow Wilson und dem Ende der amerikanischen Isolationspolitik hat es zumindest ein europäisches Kräftegleichgewicht ohne die USA als Primus inter Pares gegeben.
24. Interview mit Andrew Bustamante, Details dazu: https://www.globaltimes.cn/page/202205/1265302.shtml
Geregelt ist das in dem »Ukraine Democracy Defense Lend-Lease Act of 2022«.
25. Dazu Renata Fritsch-Bournazel, Rapallo, la naissance d'un mythe, Paris 1974
26. Peter Sloterdijk, Falls Europa erwacht, edition suhrkamp 1994
27. Parag Khanna, The Second World, Empires and Influences in the new Global Order, UK: Penguin, 2008
28. Die Konsequenzen dieser für Deutschland schädlichen Politik zeigen sich bereits: Erste Firmen stoppen Produktion für immer: »Substanz der Industrie bedroht«, in: Berliner Zeitung, 2. September 2022, https://www.berliner-zeitung.de/wirtschaft-verantwortung/erste-firmen-stoppen-produktion-fuer-immer-substanz-der-industrie-bedroht-li.262725

Teil I: Die europäischen Träume der 1990er Jahre

1. Etienne Balibar, Violence et Civilité, Paris: Editions Galilé: 2010
2. Zu Struktur und Bedeutung der deutsch-französischen Beziehungen vgl. aus der umfangreichen Literatur vgl. Douglas Webber (Ed.) The Franco-German Relationship in the European Union. Routledge Research in European Public Policy, 1999, sowie Georges-Henri Soutou, L'Alliance incertaine. Les rapports politico-stratégiques franco-allemandes, 1954–1996, Paris, Fayard, 1996, S. 291 ff.
3. Am 13. Juni in Bonn unterzeichnete Gemeinsame Erklärung von Bundeskanzler Helmut Kohl und dem Vorsitzenden des Obersten Sowjets und dem Generalsekretär des KPdSU Michail S. Gorbatschow. www.nachdenkseiten.de, 30. Juli 2022
4. Francis Fukuyama, ibid, FN 18

5. Susanne Schröter, Scheitert der Westen an Hybris und Selbsthass? Denkfabrik Republik 21 e.V., http://denkfabrik-r21/de/scheitert-der-westen-an-hybris-und-selbsthass/
6. Charles Krauthammer, The Unipolar Moment, Foreign Affairs, Vol. 70, Nr. 1, America and the World 1990/91, S. 23–33
7. Mathias Bröckers, Paul Schreyer, Wir sind die Guten, Frankfurt am Main 2014
8. Dieser Entwurf wurde an die New York Times durchgestochen, was dazu führte, dass die schließlich veröffentlichte Version abgeschwächt wurde
9. Excerpts From Pentagon's Plan: Prevent the Re-Emergence of a New Rival, New York Times, 8. März 1992
10. Dass das erste Ziel US-amerikanischer Außenpolitik darin bestehen muss, »dass kein Staat oder keine Gruppe von Staaten die Fähigkeit erlangt, die Vereinigten Staaten aus Eurasien zu vertreiben oder auch nur deren Schiedsrichterrolle entscheidend zu beeinträchtigen« (Zbigniew Brzeziński, Die einzige Weltmacht – Amerikas Strategie der Vorherrschaft, Berlin 1997, S. 283). Es gelte, »die Gefahr eines plötzlichen Aufstiegs einer neuen Macht erfolgreich [hinauszuschieben].« Die USA verfolgen das Ziel: »die beherrschende Stellung Amerikas für noch mindestens eine Generation und vorzugsweise länger zu bewahren…« Sie müssen »das Emporkommen eines Rivalen um die Macht (…) vereiteln.«Ebenda, S. 304–306
11. Noam Chomsky, Neoliberalism and the Global Order, in: Profit over People, Seven Stories Press, New York 1999
12. Naomi Klein, Die Schock-Strategie – Der Aufstieg des Katastrophen-Kapitalismus, Frankfurt am Main 2007, S. 312
13. Ebenda
14. https://de.statista.com/statistik/daten/studie/18677/umfrage/lebenserwartung-in-russland/#professional
15. 1995 fragte das Wall Street Journal seine Leser, ob sie nach Investitionsmöglichkeiten suchten, die in drei Jahren 2000 Prozent abwerfen können. »Nur ein Aktienmarkt«, so die Zeitung, »bietet diese Aussicht – Russland«. Diese enormen Renditen kamen zustande, weil das russische Staatseigentum zu Schleuderpreisen verkauft wurde. Norilsk Nickel, ein Konzern, der seinerzeit für ein Fünftel der weltweiten Nickelproduktion zuständig war, wurde für 170 Millionen Dollar verscherbelt, obwohl es kurze Zeit später einen Profit von 1,5 Milliarden erreichte.
16. Genscher & Baker: »Keine Osterweiterung der NATO«, https://www.youtube.com/watch?v=F2iOAtNlleg; Vermerk eines deutschen Diplomaten – Archivfund bestätigt Sicht der Russen bei Nato-Osterweiterung, Die Welt, 18.02.2022;) Thomas Frank, Versprechen des Verzichts auf NATO-Osterweiterung: Oft geleugnet – und es gab sie doch! 20.9.2022, https://de.detv.

us/2022/09/20/versprechen-des-verzichts-auf-nato-osterweiterung-oft-geleugnet-und-es-gab-sie-doch/

17. Zbigniew Brzeziński, Die einzige Weltmacht – Amerikas Strategie der Vorherrschaft, Berlin 1997, S. 288
18. »Einem lockerer konföderierten Russland – bestehend aus einem europäischen Russland, einer sibirischen Republik und einer fernöstlichen Republik – fiele es auch leichter, engere Wirtschaftsbeziehungen mit Europa, den neuen Staaten Zentralasiens und dem Osten zu pflegen …« Ebenda, S. 288/289
19. Zbigniew Brzeziński, Die einzige Weltmacht – Amerikas Strategie der Vorherrschaft, Berlin 1997, S. 288
20. Peter Sloterdijk, op. cit., S. 14
21. Der Europäische Auswärtige Dienst der EU (EAD) sollte erst viel später, 2010, gegründet werden.
22. Beckmann, ARD 28.11.2013, https://youtu.be/AaKB79tWhDU?t=46m34s
23. Edgar Morin, Penser l'Europe, Paris: Gallimard, 1987
24. Margarete Jäger; Siegfried Jäger, Medien im Krieg : der Anteil der Printmedien an der Erzeugung von Ohnmachts- und Zerrissenheitsgefühlen / DISS. Duisburg 2002
25. Edward S. Herman and David Peterson, The Dismantling of Yugoslavia (Part I), A study in Inhumanitarian Intervention (and a Western Liberal-Left Intellectual and Moral Collapse), in: Montly Review 1. Oktober 2007, https://montlyreview.org/2007/10/01/114114120the-dismantling-of-yugoslavia/
26. Mira Beham, Jörg Becker, Operation Balkan – Werbung für Krieg und Tod, Baden-Baden 2008
27. Malte Olschewski, Von den Karawanken bis zum Kosovo – Die geheime Geschichte der Kriege in Jugoslawien, Ethnos 57, Wien 2000, S. 321
28. Kurt Gritsch, Peter Handke und »GErechtigkeit für Serbien« – Eine Rezeptionsgeschichte, Studienverlag, Insbruck 2009, S. 134 ff.
29. Edward S. Herman and David Peterson, op. cit., FN 56
30. Hans-Peter Schwarz, Helmut Kohl. Eine politische Biographie, München: DVA, S. 621 ff.
31. Tony Blair war im Amt und auf einmal stand Großbritannien einer europäischen Sicherheitspolitik positiv gegenüber. Freilich wusste man bei den Briten nie so recht, ob sie wirklich mitmachen oder das Projekt nur von innen torpedieren wollten. Immerhin wurde 1998 das sogenannte St. Malo Abkommen über eine Militärkooperation Frankreichs mit Großbritannien unterschrieben, was damals so interpretiert wurde, dass auch Großbritannien intensiver an einer europäischen Verteidigung beteiligt sein wollte.
32. Bühnenadaption: Roland Auzet

Teil II: Die 2000er Jahre
Das Platzen der europäischen Träume

1. »Die macht mir mein Europa kaputt«, Die WELT, 17.7.2011
2. Laut Schröder war der Euro eine kränkelnde Frühgeburt, vgl. Tagesspiegel, 28.11.1998
3. Martin Feldstein, EMU and International Conflict, Foreign Affairs November/ December 1997
4. Ulrike Guérot, Wie hältst du's mit Europa? Göttingen: Steidl, 2019, S. 34ff&S. 59ff, sowie Ulrich Beck, Das Deutsche Europa, Berlin: edition suhrkamp, 2012
5. Der französische Journalist, Pascal Riché, von Libération bezeichnete die Euro-Vorbereitungen sogar als 7-jährigen Krieg: Pascal Riché/ Erich Aeschimann, La Guerre de sept ans. Histoire secrète du francs fort 1986 bis 1996, Paris: Calmann-Lévy, 1996
6. Welches Europa/ Quale Europa? Eine Diskussion mit/Una discussione con Johannes Rau, Deutsch-italienisches Journalistentreffen/ Incontro dei gionalisti italiana e tedeschi, Villa Vigoni, Mitteilungen 2002, S. 63–64
7. Rede des Bundesministers des Auswärtigen Joschka Fischer in der Humboldt-Universität Berlin, 12. Mai 2000, https://www.bundesregierung.de/breg-de/service/bulletin/rede-des-bundesministers-des-auswaertigen-joschka-fischer-808150
8. Jean-Marc Ferry, La Question de L'Etat Européen, Gallimard, Paris 2000
9. C. Rendall Henning&Martin Kessler, Fiscal Federalism: US history for architects of Europe's fiscal union, in: 10 January 2012, Brüssels: Bruegel-Pape
10. Siehe für eine knappe Übersicht über die Vertragsinhalte des Europäischen Verfassungsvertrags den Lexikon-Beitrag von Janis Emmanouilidis im Europalexikon der Bundeszentrale für politische Bildung, https://www.bpb.de/kurz-knapp/lexika/das-europalexikon/177335/verfassungsvertrag-der-eu/ mit weiterführender Literatur
11. Dr. Blix and Muhamad Elbaradei, The, UN Weapons' Inspector Reports on Iraq in the US-American, British, and German Press, Loughborough University , 27. Jan. 2003
12. Privates Gespräch von Ulrike Guerot mit einer US-amerikanischen Journalistin 2003
13. Rudolph Chimelli, Öl – nur noch gegen Euro, Süddeutsche Zeitung, 17. Mai 2010
14. Irak-Krise : Die größte Demo aller Zeiten, FAZ 16.02.2003
15. United We Stand, Wall Street Journal, 30. Juni 2003

16. Radek Sikorski war zu Beginn der Nullerjahre häufiger Gast & Columnist am American Enterprise Institute, einem weiteren einflussreichen Thinktank in Washington.
17. Rainer Bollmohr, Das Demokratiedefizit der EU nach dem Vertrag von Lissabon, Tectum, 2018, und Ulrike Guérot, Europa wie es sinkt und lacht, in: Internationale Politik, 1. März 2009, mit viel weiterführender Literatur
18. Frank Eckardt, Frankreichs Schwierigkeiten mit den Banliues, in: APuZ (Aus Politik und Zeitgeschichte), 10.09.2007 https://www.bpb.de/shop/zeitschriften/apuz/30240/frankreichs-schwierigkeiten-mit-den-banlieue/ Für einen Überblick über das Verblassen des deutsch-französischen Tandems vgl. Ulrike Guérot, Zwanzig Jahre nach Helmut Kohl: Wo stehen die deutsch-französischen Beziehungen? Print Version KAS, 2013, online-Veröffentlichung Januar 2019 https://doi.org/10.7788/hpm.2013.20.1.273
19. Mark Leonhard, Why Europe will run the 21st Century, London: Public Affairs, Erstveröffentlichung 2005
20. Jeremy Rifkin, How Europe's vision of the future is quietly eclipsing the American Dream, Polity Press, 2004
21. Gabriele Krone-Schmalz, Russland verstehen – Der Kampf um die Ukraine und die Arroganz des Westens, C. H. Beck Verlag, München 2015
22. »Putin schloss laut einem Bericht der Nachrichtenagentur ITAR-Tass auch einen EU-Beitritt seines Landes in ferner Zukunft nicht aus. Mittelfristig verfolge Russland dieses Ziel aber nicht. »Wir sind für ein geeintes Europa, und in diesem Sinne würde ich nicht protestieren, wenn irgendwann in der Zukunft Brüssel unsere gemeinsame Hauptstadt ist«, sagte Putin. Moskau-Besuch: Schröder und Chirac besänftigen Putin, Spiegel Online, 4. April 2004
23. Andrew Moravcsik, The European Constitutional Settlement, The World Economy (2008) doi: 10.1111/j.1467-9701.2007.01086.x , https://www.princeton.edu/~amoravcs/library/settlement.pdf
24. Jeffrey Tayler, Russia Is Finished – The unstoppable descent of a once great power into social catastrophe and strategic irrelevance, https://www.theatlantic.com/magazine/archive/2001/05/russia-is-finished/302220/
25. Anne Norton, Leo Strauss and the Politics of American Empire, Yale University Press, New Haven & London2004
26. https://archive.org/details/RebuildingAmericasDefenses/page/n17/mode/2up
27. Democracy Now, Interview mit General Wesley K. Clark, 2. März 2007, https://archive.org/details/WesleyClarkSevenCountriesInFiveYears
28. Archivfund bestätigt Sicht der Russen bei Nato-Osterweiterung, Die Welt, 18.02.2022
29. Peter Scholl-Latour, Russland im Zangengriff, Berlin 2007, S. 408 ff.

30. William Blum, Killing Hope – US Military and CIA Interventions since Wolrd War II – Updated Edition, ZED Books London 2014, S. 206–215
31. Gene Sharp, From Dictatorship to Democracy – A Conceptual Framework for Liberation, The Albert Einstein Institution, Boston 2002
32. Keir A. Lieber and Daryl G. Press, The Rise of U.S. Nuclear Primacy, Foreign Affairs, March/April 2006
33. Vgl. Dokumentarfilm: Pax Americana – Wettrüsten im All – Militarisierung des Weltraum (arte 2010)
34. »Was ist aus den Garantien geworden?«, Rede von Wladimir Putin, Präsident der Russischen Föderation, Blätter für deutsche und internationale Politik, März 2007, Berlin, Bonn, S. 373
35. Silvia Stöber, Konsequenzen aus EU-Bericht über Georgien-Krieg – Sollte Saakaschwili vor Gericht gestellt werden? Tageschau 30.09.2009, https://www.tagesschau.de/ausland/georgien742.html
36. Andreas Petzold, Stern 29.11.2007
37. die tageszeitung, 19.10.2007
38. Christoph Keese, die Welt, 03.12.2007
39. Simone Schlindwein, Der Spiegel, 04.11.2007
40. Daniel Brössler, Nein zu Jelzin, Ja zu Stalin, Süddeutsche Zeitung, 26. Nov. 2008
41. Putin besucht Gedenkstätte für Stalin-Opfer, NZZ 31.10.2007
42. Obama: U.S. must lead the world by example, Stephanie Condon, CBS News, Mai 28, 2014
43. Karl-Dietrich Bracher, Zeit der Ideologien. Eine Geschichte politischen Denkens im 20. Jahrhundert, München: DVA 1982
44. Vgl.: Hauke Ritz, Die kulturelle Dimension des Kalten Krieges und 1968, in: 1968 — Ost — West: Deutsch-deutsche Kultur-Geschichten, Hg: Carsten Gansel und Janine Ludwig, Okapi Verlag, Berlin 2021, S. 119 f.
45. F. William Engdahl, Die Denkfabriken, Rottenburg 2015
46. Richard Sakwa, Russiagate and the New Cold War, Lexington Books, Washington D.C. 2021
47. Rob Slane, Die Skripal-Vergiftungen, zwei Jahre später: Ein Rätsel, eingehüllt in eine Vertuschung, in einen Schwindel, Linke Zeitung, 6.03.2020
48. Thomas Röper, Fall Navalny: Welche begründeten Zweifel an der »zweifelsfreien« Vergiftung einen zur Verzweiflung bringen, Linke Zeitung, 16. 9.2020
49. Der Abschuss: Flug MH17, die Ukraine und der neue Kalte Krieg, PapyRossa, Köln 218
50. Frank Herold, Amnesty geht auf Distanz zu Nawalny – Kein politischer Gefangener, Tagesspiegel, 26.02.2021

51. Aleksej Fenenko, Взлет и падение русско-германской системы (Aufstieg und Fall des deutsch-russischen Systems) https://russiancouncil.ru/analytics-and-comments/analytics/vzlet-i-padenie-russko-germanskoy-sistemy/
52. Stefan Creuzberger, Das Deutsch-Russische Jahrhundert – Geschichte einer besonderen Beziehung, Rowohlt Verlag, Hamburg 2022

Teil III: Europa, du Schöne, wo bist du?

1. Willy Brandt, Grundsätzliche Ausführungen von Bundeskanzler Willy Brandt anlässlich des Erfurter Treffens, 19. März 1970, Deutscher Bundestag, 7. Wahlperiode Drucksache 7/420, 28.03.73
2. Hauke Brunkhorst, Demokratischer Universalismus – Von der evolutionären Gewohnheit zur emanzipatorischen Praxis. Jürgen Habermas zum 90. Geburtstag, in: Leviathan, Jahrgang 47(2019), Heft 3, Seite 286–307
3. Paul de Grauwe, The Political Economy of the Euro, Annual Review of Political Sciences, Vol. 16:153–170 (Volume publication date May 2013). First published online as a Review in Advance on January 16, 2013, https://doi.org/10.1146/annurev-polisci-060911-085923
4. »Steinmeier und Steinbrück plädieren für Eurobonds«, die WELT, 15.12.201
5. Towards a Genuine Economic and Monetary Union, Report by the President of the European Council, Herman Van Rompuy, Brussel 26. Juni 2012, EUCO 120/12
6. Ulrike Guérot, Von Normalität über Übermacht zur Ohnmacht? Betrachtungen zur deutschen Rolle in Europa, in: Aus Politik und Zeitgeschichte (APuZ), 18.12.2015, https://www.bpb.de/shop/zeitschriften/apuz/217306/von-normalitaet-ueber-uebermacht-zur-ohnmacht-betrachtungen-zur-deutschen-rolle-in-europa/
7. Ulrike Guérot/ Elisabeth Donat, Was ist los mit Frankreich? Von politischer Zersetzung zu sozialer Neuordnung, Bonn: Dietz, S. 8–64
8. Sebastian Fischer, Kohl, Schmidt, Fischer – Politik-Pensionäre fürchten um ihr Europa, Spiegel, 19.07.2011
9. Ulrike Guérot, Der Europäische Bürgerkrieg, Berlin: Ullstein, 2017
10. Mit »Populist Turn« ist der Umschlag des einstigen Vorzeige-Europäers Victor Orban gemeint, den er in den Satz gefasst hat: »Ab heute spüren wir, dass wir die Zukunft Europas sind«, https://www.diepresse.com/5261505/orban-wir-sind-die-zukunft-europas. Dem vorausgegangen war eine große Enttäuschung Ungarns, 2008 aufgrund der Bankenkrise nicht wie eigentlich geplant dem Euroraum beigetreten zu sein.
11. Siegried Schieder, Zwischen Führungsanspruch und Wirklichkeit. Deutschlands Rolle in der Eurozone, in: Leviathan, 42. Jg., 3/2014, S. 363–397

12. Rede des polnischen Außenministers, Radek Sikorski, in der Deutschen Gesellschaft für Auswärtige Politik in Berlin am 28. November 2011, https://dgap.org/de/veranstaltungen/deutsche-macht-fuerchte-ich-heute-weniger-als-deutsche-untaetigkeit
13. Ulrike Guérot, Farewell Europe, Germany goes global alone, ECFR, 16.10.2009, https://ecfr.eu/article/commentary_germany_goes_global/
14. Sheldon S. Wolin, Umgekehrter Totalitarismus. Faktische Machtverhältnisse und ihre zerstörerische Auswirkung auf unsere Demokratie, Frankfurt: Westend, 2022
15. Vgl.: Hauke Ritz, Die kulturelle Dimension des Kalten Krieges und 1968, op. cit., FN 104 S. 99 ff.
16. Michael Hochgeschwender, Freiheit in der Offensive? Der Kongreß für kulturelle Freiheit und die Deutschen, R. Oldenbourg Verlag München 1998
17. Frances Stonor Saunders, Wer die Zeche zahlt … – Der CIA und die Kultur im Kalten Krieg, Siedler Verlag, Berlin 2001
18. Mirco Maltauro, Eurokommunismus und historischer Kompromiss, Die Sozialdemokratisierung der kommunistischen Partei Italiens in den 70er Jahren, Akademische Schriftenreihe Bd. V263931, GRIN Verlag, 2013
19. Anthony Giddens, Der dritte Weg. Die Erneuerung der sozialen Demokratie, Frankfurt: Büchergilde Gutenberg, 1999, und Ralf Dahrendorf, Ein neuer dritter Weg? Walter Eucken -Institut, Beiträge zur Ordnungstheorie und Ordnungspolitik 158, Mohr-Siebeck, 1999
20. Vortrag Prof. Dr. Andreas Fischer-Lescano, Vom neoliberalen zum sozialen und demokratischen Europa, PDF auf https://www.dgb.de
21. Jacques Delors, Mémoires, Paris: Plon, 2004, S. 489ff
22. Manifest von Ventotene, abgedruckt in Juliette Charbonneaux (Ed.), Bedeutende Texte, die Europa inspiriert haben, Paris: Les petits matins, 2019, S. 67 ff.
23. Vgl.: Hauke Ritz, Besitzt der gegenwärtige Konflikt mit Russland eine kulturelle Dimension, Wismar ›Ost/Mag‹, Wissenschaftliche Beiträge des Ostinstituts Wismar, März 2014
24. Peter Scholl-Latour, Russland im Zangengriff – Putins Imperium zwischen NATO, China und Islam, Berlin 2007, S. 384
25. Zbigniew Brzeziński, Die einzige Weltmacht – Amerikas Strategie der Vorherrschaft, Weinheim, Berlin 1997, S. 178
26. EU warnt Moskau vor Einmischung, tageschau, 29.11.2013, »Wir können keinerlei Vetorecht von Drittstaaten hinnehmen.«
27. Privates Gespräch von Ulrike Guérot mit einem damaligen Mitglied des EU-Außenministerrates. Dabei kam als Antwort darauf, wie Russland möglicherweise auf den Vorschlag eines EU-Assoziierungsabkommens denken würde, von zwei weiteren anwesenden Außenministern: »We don't even care.«

28. Victoria Nuland, »We invested over 5 Billion Dollar [since 1991] to assist Ukraine in these and other goals, that will ensure a secure and prosperos and democratic Ukraine.« https://www.youtube.com/watch?v=U2fYcHLouXY
29. Vgl: »Demokratisierung ist eher ein Kollateralnutzen«, Interview von Uwe Krüger mit der Politikwissenschaftlerin Mária Huber, Telepolis 31. Juli 2014
30. Ulrich Heyden, Immer erdrückendere Beweise zu Maidan-Scharfschützen-Einsatz im Februar 2014, Telepolis 15. Feb. 2018
31. Ivan Katchanovski, The »Snipers' Massacre« on the Maidan in Ukraine, School of Political Studies University of Ottawa, https://www.researchgate.net/publication/266855828_The_Snipers'_Massacre_on_the_Maidan_in_Ukraine
32. Zwischen Catherine Ashton und dem estnischen Außenminister – Abgehörtes Telefonat sorgt für Aufsehen, RP Online, 6.3.2014
33. https://www.youtube.com/results?search_query=Telephone+call+Paet+Ashton+snipers
34. Ukraine crisis: bugged call reveals conspiracy theory about Kiev snipers – Estonian foreign minister Urmas Paet tells EU's Cathy Ashton about claim that provocateurs were behind Maidan killings, The Guardian, 3. März 2014
35. https://www.theguardian.com/world/video/2014/feb/07/eu-us-diplomat-victoria-nuland-phonecall-leaked-video
36. Die Anstalt, ZDF, 11. März 2014 https://www.youtube.com/watch?v=9aoNhKXsdE
37. Peter Scholl Latour, Russland im Zangengriff, op. cit., FN128
38. John-Paul Himka, Ukrainian Nationalists and the Holocaust: OUN and UPA's Participation in the Destruction of Ukrainian Jewry, 1941–1944, ibidem Verlag, Stuttgart 2021
39. Frauke Steffens, Nazis? Hauptsache Antikommunist, ZEIT Online, 6. Nov. 2014
40. John Loftus, The Secret War Against the Jews: How Western Espionage Betrayed the Jewish People, St. Martins Press, New York 1997
41. Christopher Simpson, Blowback – America's Recruitment of Nazis, and Its Destructive Impact on Our Domestic and Foreign Policy, Open Road Integrated Media, New York 2014
42. Profile: Ukraine's ultra-nationalist Right Sector, 28 April 2014, https://www.bbc.com/news/world-europe-27173857
43. Frauen im Regiment Asow in der Ukraine, Deutsche Welle, 01.03.2017
44. Sprachgesetz in der Ukraine: Hier russisch, da ungarisch, taz, 27.02.2014
45. Der oft geäußerten Verdacht, das Referendum könnte gefälscht gewesen sein, kann abschließend nicht geklärt werden. Allerdings stehen dem Umfrageergebnisse entgegen, die eine ähnliche Zustimmungsrate von ca. 80 Prozent

ergeben. Andreas Umland, Mehrheit wollte Krim-Annexion? Wer Russlands Handeln so rechtfertigt, liegt falsch. Focus, 21.4.2018

46. Wie ukrainische Schulbücher jungen Kindern Russenhass beibringen, Aktuelle Nachrichten,14. April 2022, https://aktuelle-nachrichten.app/wie-ukrainische-schulbuecher-jungen-kindern-russenhass-beibringen/
47. Moskau: Selenskyj hat unsere Kriegsopfer beleidigt, T-online, 28.01.2020
48. Christoph Gunkel, Umstrittener ukrainischer Nationalist Bandera, Tiefe Verehrung, tiefer Hass, Spiegel, 06.03.2014
49. Wiesenthal Center Harshly Criticizes Decision By Ukranian Parliament To Designate Birthday Of Nazi Collaborator Bandera As National Holiday, www.wiesenthal.com, 27.12.2018
50. Wiesenthal Center Protests Kiev March to Honor Birthday of Ukrainian Nazi Collaborator Stefan Bandera, www.wiesenthal.com, January 3, 2022
51. Wolfgang Koydl, Wolodymyr Selenskyj hat in der Ukraine praktisch alle Oppositions-Parteien verboten und konzentriert seine Medien-Macht. Die Weltwoche, 24. März 2022
52. RAND Corporation, Overextending and Unbalancing Russia, Assessing the Impact of Cost-Imposing Options, Santa Monica 2019
53. Jens Stoltenberg, Stoltenberg admits the obvious, 30. August 2022, https://www.youtube.com/watch?v=K7oG0lgwtw0
54. George Friedman, »Europe: Destined for Conflict?«, https://www.youtube.com/watch?v=QeLu_yyz3tc, Ab Minute 1:08
55. Lindsay Graham, der zusammen mit McCain die ukrainischen Soldaten adressiert: »Your fight is our fight. 2017 will be the year of offense. All of us will go back to Washington and we will push the case against Russia. Enough of Russian aggression. It is time for them to pay a heavier price." https://www.youtube.com/watch?v=JeWHviwLMy8
56. https://www.president.gov.ua/documents/1212021-37661
57. https://assets.publishing.service.gov.uk/government/uploads/system/uploads/attachment_data/file/974661/CP411_-Defence_Command_Plan.pdf
58. https://www.swp-berlin.org/publications/products/aktuell/2021A39_moskau_truppenverstaerkung.pdf
59. https://www.president.gov.ua/en/news/spilna-deklaraciya-devyatogo-zasidannya-strategichnoyi-radi-67909
60. https://www.nato.int/cps/en/natohq/173840.htm#:~:text=Steadfast%20Defender%202021%20is%20a,in%20a%20challenging%20security%20environment
61. https://www.gov.uk/government/news/uk-signs-agreement-to-support-enhancement-of-ukrainian-naval-capabilities

62. https://www.nato.int/cps/en/natohq/173840.htm#:~:text=Steadfast%20Defender%202021%20is%20a,in%20a%20challenging%20security%20environment
63. https://www.nato.int/cps/en/natohq/news_185000.htm
64. https://www.dw.com/de/gro%C3%9Fes-man%C3%B6ver-sea-breeze-im-schwarzen-meer/a-58071044)
65. https://www.nato.int/cps/en/natohq/news_185879.htm?selectedLocale=en
66. https://www.europarl.europa.eu/doceo/document/TA-9-2021-0346_DE.html
67. https://www.reuters.com/world/europe/ukraine-holds-military-drills-with-us-poland-lithuania-2021-07-27/
68. https://www.osce.org/files/f/documents/5/a/493255.pdf
69. https://www.navyrecognition.com/index.php/naval-news/naval-news-archive/2020/august/8864-uk-launches-multinational-maritime-training-initiative-for-the-ukrainian-navy.html
70. https://www.zdf.de/nachrichten/politik/ukraine-krim-selenskyj-100.html
71. https://www.raf.mod.uk/news/articles/raf-typhoons-join-ukraine-independence-day-celebrations-in-the-skies-over-kyiv/
72. https://www.army.mil/article/250444/us_nato_ukraine_enhance_interoperability_with_rapid_trident_exercise und https://www.reuters.com/business/aerospace-defense/ukraine-holds-military-drills-with-us-forces-nato-allies-2021-09-20/
73. https://www.gov.uk/government/news/hundreds-of-uk-troops-parachute-into-ukraine-for-joint-exercises
74. https://www.whitehouse.gov/briefing-room/statements-releases/2021/09/01/joint-statement-on-the-u-s-ukraine-strategic-partnership/
75. https://www.eucom.mil/article/41698/us-ukraine-aim-to-implement-strategic-defense-framework
76. https://www.raf.mod.uk/news/articles/raf-personnel-arrive-in-ukraine-to-conduct-training-for-ukrainian-military/
77. https://www.tagesschau.de/ausland/eu-ukraine-ausbildungsmission-101.html
78. https://www.mil.gov.ua/en/news/2022/01/27/parliament-ratified-ukrainian-british-agreement-on-development-of-ukrainian-navy-capabilities/
79. https://www.state.gov/u-s-ukraine-charter-on-strategic-partnership/
80. U.S. presses Russia over troop buildup along Ukraine border, PBS, 10. November 2021
81. Russia Says Ukraine Has Deployed Half Its Army to Donbass Conflict Zone, 1. Dezember 2021

82. https://www.gov.uk/government/publications/uk-ukraine-joint-communique
83. https://perma.cc/UWH7-TRTY und https://www.loc.gov/item/global-legal-monitor/2022-02-15/ukraine-new-law-allows-bigger-presence-of-foreign-troops-in-ukrainian-territory/
84. Moskau erhielt Antwort von USA und NATO, ORF, 26. Januar 2022
85. taz, An der Seite der Ukraine, 7. Feb. 2022
86. https://www.bbc.com/news/av/world-europe-60373885
87. https://www.tagesschau.de/ausland/amerika/usa-warnung-russland-ukraine-101.html
88. OSCE Special Monitoring Mission to Ukraine (SMM) Daily Report 37/2022 issued on 17 February 2022, https://www.osce.org/special-monitoring-mission-to-ukraine/512506
89. OSCE Special Monitoring Mission to Ukraine (SMM) Daily Report 38/2022 issued on 18 February 2022, https://www.osce.org/special-monitoring-mission-to-ukraine/512605
90. OSCE Special Monitoring Mission to Ukraine (SMM) Daily Report 39/2022 issued on 19 February 2022, https://www.osce.org/special-monitoring-mission-to-ukraine/512629
91. OSCE Special Monitoring Mission to Ukraine (SMM) Daily Report 40/2022 issued on 21 February 2022, https://www.osce.org/special-monitoring-mission-to-ukraine/512683
92. Münchner Sicherheitskonferenz: Rede von Wolodymyr Selenskyj, 19. Feb. 2022, https://www.youtube.com/watch?v=c0dhJcTTQM0
93. OSCE Special Monitoring Mission to Ukraine (SMM) Daily Report 41/2022 issued on 22 February 2022, https://www.osce.org/special-monitoring-mission-to-ukraine/512842
94. OSCE Special Monitoring Mission to Ukraine (SMM) Daily Report 42/2022 issued on 23 February 2022, https://www.osce.org/special-monitoring-mission-to-ukraine/512872
95. OSCE Special Monitoring Mission to Ukraine (SMM) Daily Report 43/2022 issued on 24 February 2022, https://www.osce.org/special-monitoring-mission-to-ukraine/512980
96. Interview mit Raphael Grossi, Bloomberg, Ukraine Nuclear Plant Faces Political Problems: IAEA, https://www.youtube.com/watch?v=9x5dfyUPuP4 Minute 2:00 ff.
97. Senator Marco Rubio: »Does Ukraine have chemical or biological weapons?« Victoria Nuland: »Ukraine has biological research facilitiies, which in fact we are now quite concern Russian trupps, Russian forces may be seeking gain control of. So we are working with the Ukrainians on how they can prevent

any of those research material from falling into hands of Russian forces should they approach.«

98. Sophie Timmermann, Faktencheck - US-Finanzierung von 46 Biolaboren in der Ukraine ist bekannt und hat nichts mit Biowaffen zu tun, 12.07.2022, https://correctiv.org/blog/
99. Thomas Röper, US-Biowaffenprogramme – Pentagon räumt Finanzierung von 46 Biolaboren in der Ukraine ein, Anti-Spiegel 11. Juni 2022
100. Rebuilding America's Defenses: »And advanced forms of biological warfare that can ›target‹ specific genotypes may transform biological warfare from the realm of terror to a politically useful tool.« Seite 60
101. Peter Jungblut, Tschaikowski »geht gar nicht«: Debatte um russische Klassiker, BR24, 09.03.2022
102. https://de.euronews.com/2022/04/09/finnischer-zoll-gibt-bilder-frei-kunstwerke-durfen-zuruck-nach-russland
103. Immer mehr deutsche Hochschulen wenden sich von Russland ab, Forschung & Lehre, 02.03.2022
104. Frank Jordan, Erstmals Immobilien von Russen in Deutschland beschlagnahmt, BR 24, 20.06.2022

Zum Schluss: Falls Europa erwacht – wie wieder von Europa träumen?

1. Augusto Zamora Rodriguez, Der Tod Europas und die Geburt einer neuen Welt, in: Der Club der wahren Worte, 4. April 2022
2. U.a. Sahra Wagenknecht, Putin lacht sich doch tot über uns, t-online, 4.9.2022, https://www.t-online.de/nachrichten/deutschland/innenpolitik/id_100047784/sahra-wagenknecht-exklusiv-putin-lacht-sich-doch-tot-ueber-uns-.html
3. Putins Abrechnung mit dem Westen. Der wirtschaftliche Blitzkrieg ist gescheitert: https://www.anti-spiegel.ru/2022/putins-abrechnung-mit-dem-westen-der-wirtschaftliche-blitzkrieg-ist-gescheitert/
4. Vladimir Putin in t.me/Putindirect, 17. Juni 2022
5. George Packer, Die Abwicklung. Eine innere Geschichte des neuen Amerika, Fischer 2015 and Hedrick Smith, Who stole the American Dream, New York: Random House, 2012
6. Joseph Stiglitz, The Price of Inequality. How Today's Divided Society Endangers Our Future, New York, Norton & Company, 2012
7. Sicherlich hat Europa mehr kulturelle Verbundenheit mit den USA als z. B. mit China, doch China ist nicht Gegenstand dieses Essay, in dem es zentral um das amerikanisch-europäisch-russische Verhältnis geht. Außerdem

müsste man tief ausholen, um zu reflektieren, auf welcher kulturellen Grundlage das heutige China operiert, dass sich durch die Kulturrevolution unter Mao de facto seiner einstigen kulturellen Wurzeln entledigt hat.

8. Habermas und Derrida : Nach dem Krieg: Die Wiedergeburt Europas, FAZ, 31.5.2003, sowie Jürgen Habermas, Ach, Europa, Berlin, Suhrkamp 2008. Habermas spricht darin auch von einer »bipolaren Gemeinsamkeit« Europas mit den USA.
9. Die Pariser Erklärung, Ein Europa, wo(ran) wir glauben können, https://thetrueeurope.files.wordpress.com/2017/10/paris_statement_deutsch.pdf
10. Peter Sloterdik, op. cit., S. 58
11. Stanislaw Strasburger, Vom Krieg zur EUtopie, https://www.1.wdr.de/radio/wdr5/sendungen/buecher/vom-krieg-zur-eutopie-100.html
    Bzw. Rzeczpospolita: Od wirusa do EU-topii, Lockdown, czerwone strefy I poziomy zagro'zenia, https://rp.pl/plus-minus/art8713881-od-wirusa-do-eu-topii
12. Vgl. für klassische Texte zu Europa: Juliette Charbonneaux (Ed.), Bedeutende Texte, die Europa inspiriert haben, Paris: Les petits matins, 2019
13. John Mearsheimer, The Causes and Consequences of the Ukraine Crisis, in: National Interest, June 23rd, 2022, https://nationalinterest.org/feature/causes-and-consequences-ukraine-crisis-203182
14. Siehe Graham E. Fuller, https://fassadenkratzer.worldpress.com/2022/08/08/wann-endlich-erwacht-europa
15. Oskar Lafontaine, Interview in der Berliner Zeitung, 31.08.2022: »Deutschland handelt im Ukraine-Krieg als Vasall der USA«: https://www.berliner-zeitung.de/politik-gesellschaft/oskar-lafontaine-deutschland-handelt-im-ukraine-krieg-als-vasall-der-usa-li.261471
16. »Wir müssen über den Ukriane-Krieg ohne Schaum vor dem Mund sprechen können«, Berliner Zeitung, 11.08.2022
17. https://www.emma.de/thema/offener-brief-der-28
18. Der Schweizer General Jacques Braud führt in einem Interview mit Dirk Pohlmann mit dem Titel »Krieg, Geheimdienste, die NATO & die Medien«, auf Apolut aus, dass de facto nach UN-Völkerrecht auch die Interpretation möglich wäre, dass Russland auf der Grundlage von Art. 51 UN-Charta seiner Beistandsverpflichtung für die russische Bevölkerung im Donbass nachgekommen ist, nachdem es die autonomen Republiken Donezk und Luhansk am 22. Februar offiziell anerkannt hat, https://www.bitchute.com/video/ZxpU1HReP4Y5/
19. Antje Vollmer, Zweifel an der Sanktionspolitik des Westens. Wo sind die Realos geblieben?, In: Berliner Zeitung, 14.07.2022, https://www.berliner-zeitung.de/politik-gesellschaft/zweifel-an-der-sanktionspolitik-gegen-russland-wo-sind-die-realos-geblieben-li.246202

20. Cognitive warfare: die NATO und das gehackte Individuum, https://www.heise.de/tp/features/Cognitive-Warfare-die-Nato-und-das-gehackte-Individuum-7162205.html
21. https://www.youtube.com/watch?v=hZ1bKpjx_SI
22. Unpacking Biden's arguments about state-level threads to democracy, NPR, 3 September 2022, https://www.npr.org/2022/09/03/1120968905/unpacking-bidens-argument-about-state-level-threats-to-democracy
    Die umstrittene Rede ist hier als Youtube-clip: https://www.youtube.com/watch?v=JemWkV2Vcic
23. Katarina Pistor, The Code of Capital. How the Law creates wealth and inequality, Princeton University Press, 2019
24. Joe Dispenza, You are the Placebo. Making of your mind matter, London, Hay House, 2014
25. Vgl dazu die Analyse des Manifest Conspirationiste, Paris, Editions des Seuil, 2022, sowie die radikal-kritische linke Debatte dazu: Einige Anmerkungen für halbschwurbelnde Linke, die künftige Gesellschaftskritik betreffend, https://netzwerk-linker-widerstand.ru/magma/2022/08/einige-anmerkungen-fuer-halbschwurbelnde-linke-die-kuenftige-gesellschaftskritik-betreffend/
26. Video der Bundeswehr, Wir schützen Deutschland, https://www.youtube.com/watch?v=Yb5wt56Numw
27. Siehe die Kontroverse um die Äußerungen von Annalena Baerbock: »Egal, was meine deutschen Wähler denken«: Annalena Baerbock in der Kritik wegen Ukraine-Solidarität, in: Stern: 01.09.2022
28. Für den Wunsch nach einem regionalen Europa vgl. die Forschungsergebnisse und -papiere des Forschungsprojektes REGIOPARL, www.regioparl.eu sowie Donat, E., Kikic, S., Lenhart, S. (2022), My region first: dimensions of Euroscepticism at the subnational level in times of crisis. Paper to resented at the 11th Biennial Conference of the SGEUFES, 8.-10. June 2022, LUISS University of Rome. Für den Wunsch nach einem sozialen Europa vgl. Martha Posthofen, Frieder Schmid, Gerechter. Sozialer. Weniger ungleich. Was die Deutschen von Europa erwarten, Friedrich Ebert Stiftung 2018, ISBN: 978-3-96250-242-3
29. Vgl. Ausführlich Ulrike Guérot, The difficult relationship between European Sovereignty and European Democracy in Franco-German Discourse, 09.12.2021, Institute of European Democrats, https://www.iedonline.eu/publications/2021/strategic-research-papers/the-difficult-relationship-between-european-sovereignty-and-european-democracy-in-franco-german-discourse-guerot
30. Dieses Konzept ist als Utopie ausbuchstabiert bei Ulrike Guért, Warum Europa eine Republik werden muss. Eine poliische Utopie, Bonn, Dietz, 2016
31. Koalitionsprogramm der Bundesregierung, Zeile 4413 bis 4417

32. Rede Olaf Scholz in Prag am 29. Aug. 2022: Europa ist unsere Zukunft- und diese Zukunft liegt in unseren Händen, https://www.bundesregierung.de/breg-de/suche/scholz-rede-prag-karls-uni-2079410
33. Fournier, Marcel; Terrier (Hg.): Marcel Mauss, Die Nation oder der Sinn fürs Soziale, Frankfurter Beiträge zur Soziologie und Sozialphilosophie 25, Campus Verlag, 2017
34. Parag Khanna, The Second World: How Emerging Powers Are Redefining Global Competition in The Twenty-First Century, London: Penguin Books 2009
35. Ausführlich zu der Debatte über die europäische (Staats-)Bürgerschaft Ulrike Guerot, Nichts wird so bleiben wie es war. Europa nach der Krise: eine Zeitreise, Wien: Molden 2020
36. Hartmut Kaelble, Der verkannte Bürger. Eine andere Geschichte der europäischen Integration seit 1950, Berlin Campus, 2019
37. Vgl. z.B. Lorenzo Marsili/ Niccolo Milanese, Wir heimatlosen Weltbürger, Suhrkamp, Berlin 2019
38. Dieter Plehwe, with Werner Krämer, Moritz Neujeffski, Alexander Meland and Ulrike Guérot: Time to go beyond interstate federalism – or something different? The response of new pro-European think tanks to the EU integration crisis, Discussion Paper, SP I 2016–202 November 2016
39. Martha Posthofen, Frieder Schmid, Gerechter. Sozialer. Weniger ungleich. Was die Deutschen von Europa erwarten. Friedrich Ebert-Stiftung, 2018, S. 14ff.
40. Communication From The Commission To The European Parliament, The European Council, The Council, The European Economic and Social Committee and the Committee of the Regions, Conference on the Future of Europe Putting Vision into Concrete Action, Brussels 17.06.2022, COM(2022) 404 final
41. Die 49 Bürgervorschläge finden sich auf: https://futureu.europa.eu/?locale=de
42. Vgl. Thomas Gutschker: Baerbock rückt von Konvent für EU-Vertragsänderungen ab, faz.net, 21.06.2022, https://www.faz.net/aktuell/politik/ausland/baerbock-rueckt-von-konvent-fuer-eu-vertragsaenderungen-ab-18117745.html.
43. Speech by President von der Leyen at the closing event of the Conference on the Future of Europe https://ec.europa.eu/commission/presscorner/detail/en/SPEECH_22_2944
44. Juliette Charbonneaux (Ed.), Bedeutende Texte, die Europa inspiriert haben, Paris: Les petits matins, 2019, op. cit. Manifest S. 69
45. Zum vielschichtigen Begriff der Nation und der Frage, ob eine Nation in erster Linie kulturell-identitär oder als soziale Einheit zu verstehen ist, vgl. Ulrike Guérot, Was ist die Nation? Göttingen, Steidl, 2019

Inhalt

Ulrike Guérot studierte Politikwissenschaft, Geschichte und Philosophie in Bonn, Münster und Paris. Sie ist Professorin, Autorin und Aktivistin in den Themenbereichen Europa und Demokratie, mit Stationen in Think Tanks und an Universitäten in Paris, Brüssel, London, Washington, Berlin und Wien. 2014 gründete sie das European Democracy Lab, e.V., eine Denkfabrik zum Neudenken von Europa. 2016 wurde ihr Buch »Warum Europa eine Republik werden muss. Eine politische Utopie« europaweit ein Bestseller. Im Herbst 2021 trat Ulrike Guérot ihre Professur für Europapolitik an der Rheinischen-Friedrich-Wilhelms Universität Bonn an.

Hauke Ritz studierte an der FU und HU Berlin. Nach seiner Dissertation im Fach Philosophie mit dem Schwerpunkt Geschichtsphilosophie wendete er sich verstärkt Fragen der Außenpolitik und Friedensforschung zu. Dabei stand für ihn der Ost-West-Konflikt im Mittelpunkt, dessen Fortbestehen er seit 2008 im Zuge verschiedener Publikationen und seit 2014 durch regelmäßige Russlandreisen erforscht. Hauke Ritz hat an der Universität Gießen, der MSU und RGGU in Moskau sowie der Universität Belgorod unterrichtet und war zuletzt für den DAAD in Moskau tätig.

144 Seiten
ISBN: 978-3-86489-359-9
Auch als E-Book erhältlich

Wie wollen wir leben?

Zwei Jahre Krisengeschehen haben das gesellschaftliche und politische Leben nicht nur in Deutschland substanziell verformt und zu einer schier unglaublichen Machtkonzentration der Exekutive geführt. Der Wert von Grundrechten muss dringend neu in unserem Bewusstsein verankert werden, fordert Ulrike Guérot. Niemand darf von der Teilhabe am Diskurs ausgegrenzt werden, denn mit Ausgrenzung beginnt die Erosion der Demokratie Gewinner sind vor allem Tech-Giganten wie Facebook, Twitter sowie YouTube und Finanzriesen, die schlussendlich digitale Überwachungssysteme installieren. Den Körper als letzte Ware im Visier und leere Heilsversprechen im Gepäck.
Wir müssen unser Zusammenleben schlicht neu entwerfen: für eine postnationale, postkapitalistische und postpatriarchale Welt. Mit öffentlichen Räumen, zu denen alle Zugang haben und wo niemand durch einen Barcode ausgesperrt wird. Europa und Freiheit gehören untrennbar zusammen. Schweigen wir also nicht.